U0042790

BBC記者、紀實文學獎得主

Andrew Harding

安德魯・哈丁 著

彭玲嫻 譯

堅韌小鎮

烏克蘭的生死與反抗

A SMALL, STUBBORN TOWN

LIFE, DEATH & DEFIANCE IN UKRAINE

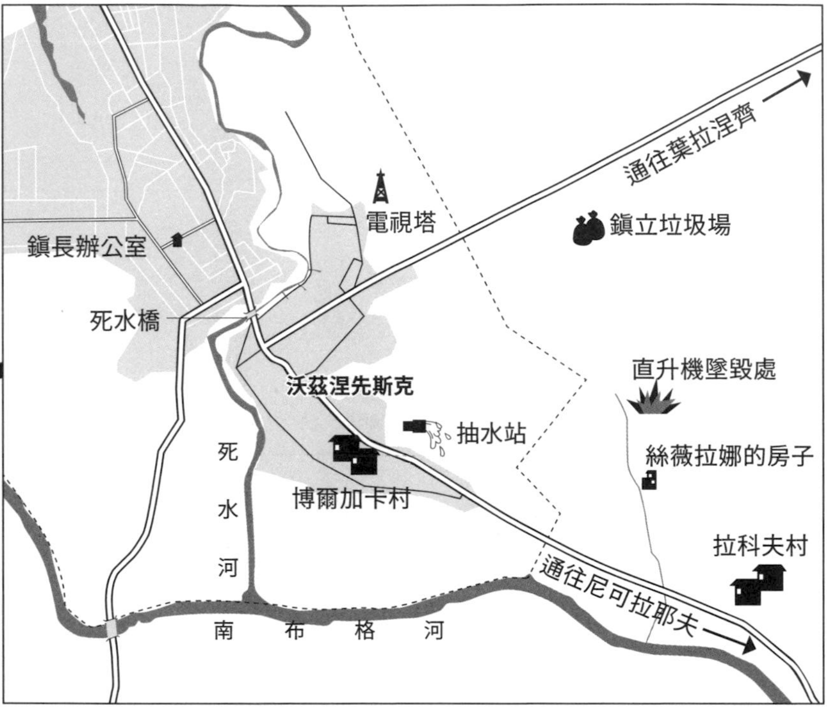
通往葉拉涅齊
電視塔
鎮立垃圾場
鎮長辦公室
死水橋
直升機墜毀處
沃茲涅先斯克
抽水站
絲薇拉娜的房子
死
水
河
博爾加卡村
拉科夫村
通往尼可拉耶夫
南 布 格 河

沃茲涅先斯克位置圖

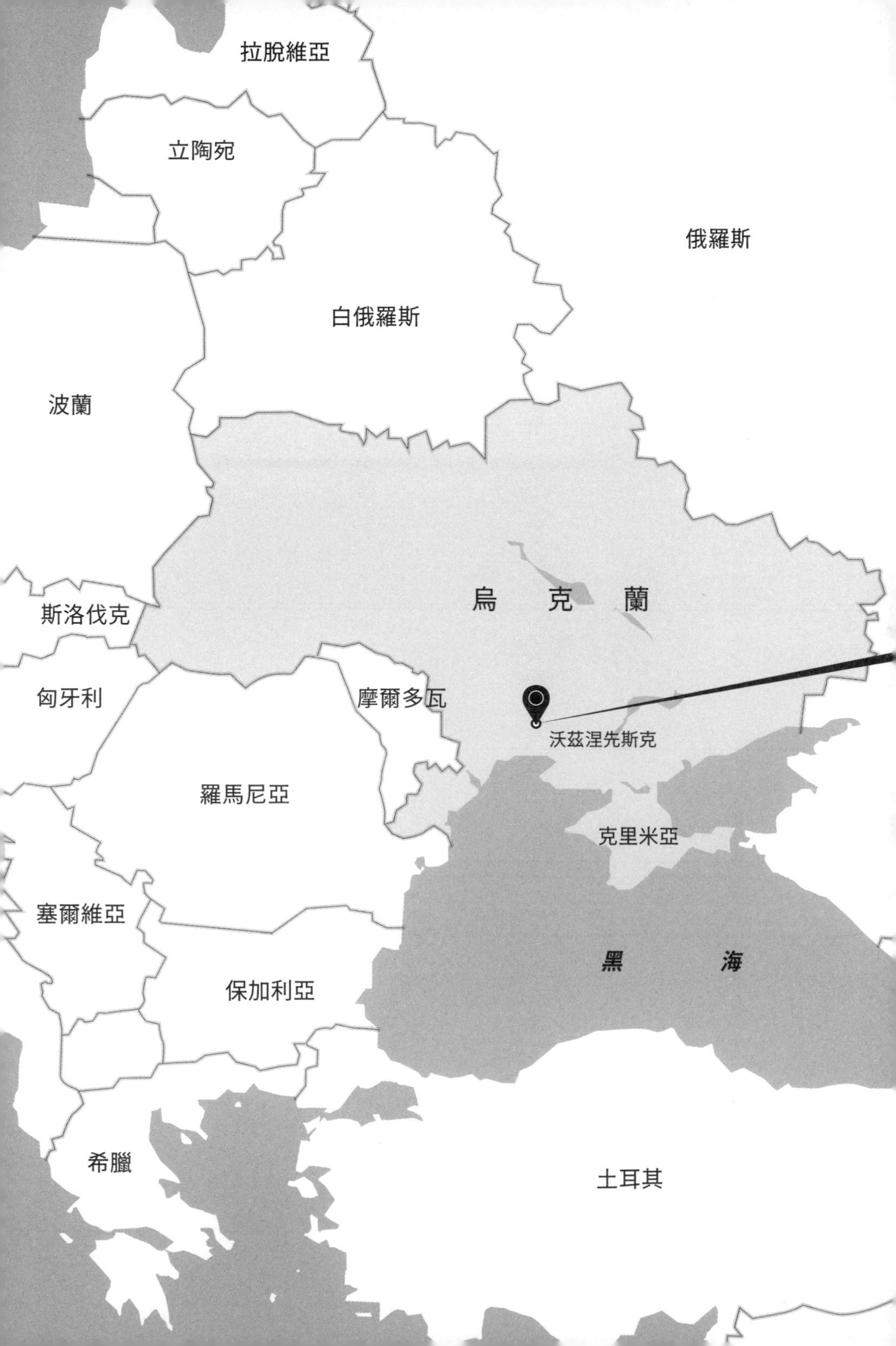
拉脫維亞
立陶宛
俄羅斯
白俄羅斯
波蘭
烏　克　蘭
斯洛伐克
匈牙利
摩爾多瓦
沃茲涅先斯克
羅馬尼亞
克里米亞
塞爾維亞
黑　海
保加利亞
希臘
土耳其

世界永遠不會再回到原樣
我們永遠不會
再讓它恢復原樣

——謝爾希．札丹（Serhii Zhadan），〈犀牛〉，《戰爭絮語：來自烏克蘭的新詩》

獻給沃茲涅先斯克的人民

繁體中文版作者序

親愛的讀者：

我感到無上的榮幸，能夠歡迎各位閱讀我的新書《堅韌小鎮：烏克蘭的生死與反抗》繁體中文譯本。這是我所撰寫的第三本非小說類書籍，且與我過去三十年來擔任駐外記者的經驗有關。因為《堅韌小鎮》是我頭一部被翻譯成繁體中文的著作，基於本書所牽涉的獨特主題，繁體中文版的出版讓我感覺既美好，又格外適切。

我但願各位讀者對書中描述的沃茲涅先斯克故事，及那些在幾乎毫無勝算情況下決心保衛家園的人物事蹟，會感到激勵、具啟發意義，又與切身相關。

這本書篇幅不大，講述俄羅斯非法入侵烏克蘭頭幾天的一場短暫戰役。我相信這本書掌握到了十分深刻的精髓，即沃茲涅先斯克小鎮社區是如何應對重大事件，並靠著領導力、團結、勇氣、決心與運氣來改變歷史的路徑。

任何關注烏克蘭近期事件的人都知道，二〇二二年初，世人原本認為俄羅斯彈指之間就能將隔壁小鄰居納入囊中，各國政府與所有的分析家無不做了最壞的打算。但幾天之內，局勢翻轉，舉世都意識到，除了烏克蘭人之外，幾乎所有人都低估了烏克蘭的抵抗能力。發生在沃茲涅先斯克小鎮的事件很快便成為一種象徵，象徵了俄羅斯的傲慢和烏克蘭的堅韌不屈。

就是這樣一段為了爭奪沃茲涅先斯克小鎮和重要橋梁控制權的戰役與事蹟，吸引了我深入探究俄烏兩個相鄰國家的長期對立關係。

小鎮裡許多居民的母語是俄語，身分卻是烏克蘭人；進攻沃茲涅先斯克的俄軍當中，有些成員其實是在烏克蘭長大成人的；小鎮當地有少許民眾甚至樂見俄軍入侵。這是一個歷史錯綜複雜的地區，局勢混亂又令人費解。但我不想乾巴巴地敘述國族與身分認同和塑造現代烏克蘭獨立國格與自我意識的力量，而是希望透過事件參與者跌宕曲折的人生故事，來描繪他們在選擇效忠何方、掙扎著願不願意為保衛家園承擔風險時，那種妾身千萬難的煎熬。

在我的職業生涯中，採訪過將近三十場形形色色的武裝衝突，從國內政變，到內戰與地區衝突，乃至於大型國際戰事。我發現，由於勇氣與決心無可衡量，因而時常遭到忽略，但這兩種精神在戰爭中所扮演的角色，卻往往超越多數人的認知。當我撰寫這篇序文時，烏克蘭的命運仍在未定之天，俄羅斯無故入侵的結果也尚未明朗，因此，我小心翼翼地避免對戰爭將如何結束做出大局勢的預估，但很明顯地，民粹主義、威權主義及全球化的挫折與失敗，助長了國際上一股躁動不安的情緒，而俄國當局正試圖利用這種情緒。我相信無論未來烏軍在收復領土上如何進展，烏克蘭的主要目標，也就是加入歐盟並取得北約支持的安全協議，是有可能實現的。

但願各位讀者喜愛這本書。

安德魯·哈丁　謹上

目錄

堅韌小鎮人物介紹

絲薇拉娜——拉科夫村居民
米夏——絲薇拉娜的兒子，靠撿拾廢金屬維生
佩帝亞——絲薇拉娜的丈夫
維勒利和歐莉雅——絲薇拉娜的弟弟和妹妹

耶夫赫尼——沃茲涅先斯克鎮鎮長
安德烈——副鎮長
斯巴塔克——鎮議長

羅馬、斯拉維克和薩沙——米夏的朋友，在鎮上的垃圾場工作
「鬼魂」——維迪姆，志願兵、偵查專家
瓦倫提恩與贊尼亞——加入沃茲涅先斯克自衛隊的當地人

伊果——俄羅斯第一二六岸防旅軍官

「福爾摩沙」——歐列葛，烏克蘭第二營第八十空降突擊旅指揮官

瑟熙——沃茲涅先斯克居民

安娜——瑟熙的母親

亞歷山大——沃茲涅先斯克店鋪主人兼志願自衛隊隊員

米凱爾——住在拉科夫的俄裔老人

米克海羅——沃茲涅先斯克的葬儀社老闆

亞利希——俄國戰俘

迪米特羅——指揮尼可拉耶夫烏軍的少將

維塔利——尼可拉耶夫州州長

1

「我數到三。」士兵說。

絲薇拉娜．馬辛柯夫斯卡用灰綠色的明亮小眼睛迎向士兵的凝視，他不過是個孩子，穿著軍服站在她的庭院裡，用槍口頂著她柔軟的、五十九歲的腹部。

「老天爺！」她嘆息。

絲薇拉娜往朱立克瞟了一眼，朱立克是她的兩隻狗當中怒氣較盛的那一隻，牠這會兒把重心放在後腿上，拉扯著繫繩，嘶吼狂吠。絲薇拉娜的大拇指下意識地挪動，去揉搓右手上的繭。

她很想和士兵吵上一架，應付丈夫佩帝亞及兒子米夏多年，練就出她炸藥一般的脾氣。這對父子是懶鬼雙人組，多半時候都醉茫茫，成天和朋友吵架，只想著要再多喝一杯。豬頭，她幾乎天天這麼罵他們，罵的時候還會哼出一口鼻息，翻上一記白眼。父子倆則會點點頭，帶著歉意地笑笑，他們知道在這個亂糟糟的經濟拮据的小小家庭裡，她才是一家之主。這個小小家庭座落在一座和緩山丘上，山丘則位於烏克蘭南部一個僻靜卻並不被人遺忘的角落。

這些年輕的俄國士兵，出現在三月初一個細雨綿綿的下午，轟隆隆地穿越整座村莊，搗爛她的菜園，坦克車還撞斷了她最愛的一棵梨子樹。

「混帳……」

絲薇拉娜平日並不常爆粗口，但在這些俄軍到了拉科夫村（Rakove Village），散開隊形沿著家戶用步槍槍托撞開一道道鐵門時，這個字眼及其他類似的穢語，即如夏日成群的小黑蚊般如影隨形地跟在俄軍身後。

這天是二〇二二年三月二日，恰恰是俄羅斯對烏克蘭發動攻擊一週之後。整個國家的集體血液中仍漲滿了腎上腺素、憤怒，以及令人作嘔的難以置信，像是從不安穩的睡眠中驚醒，發現自己置身於一個更深沉的清醒惡夢中。大批大批俄羅斯裝甲部隊從北方的白俄羅斯（Belarus）進犯，攻向首都基輔（Kyiv），從東側進犯，攻入頓巴斯（Donbas）地區，從南方的克里米亞半島（Crimean Peninsula）進犯，企圖控制整個黑海海岸線。

這就是為什麼這些俄羅斯士兵會帶著槍、足蹬泥濘的軍靴、帶著滿面怒容以及一副莫名的理所當然的神氣，出現在絲薇拉娜位於拉科夫村的農舍，彷彿他們的作為合情合理似地。拉科夫村就位在沃茲涅先斯克小鎮（Voznesensk）之外。

一輛裝甲運輸車早已經把馬辛柯夫斯基（註1）家的戶外廁所撞得稀巴爛，接著一輛坦克車的砲口戳穿了她本來搖搖欲墜的三座穀倉其中一間的屋頂，最後，六名士兵衝進她凌亂的庭院，作勢要對朱立克開槍，又踩進她的小屋，把汙泥踩上她的油地氈，這會兒則作勢要對她開槍。

「我幹嘛要把電話交給你？」絲薇拉娜問俄羅斯士兵。她一手握著手杖，一手挑釁地插著腰，害了關節炎的雙腿微微踉蹌。

那士兵模樣看來像個車臣人。他說他們要沒收所有人的手機，以防他們打電話通知烏克蘭軍方。

「電話給我。我們是來解放你們、保護你們的。」

絲薇拉娜可不接受這種謬論。她把厚厚的卡其色開襟毛衣往腰際裹得更緊一些。

「把我們從誰手裡解放？」

「從法西斯分子手裡解放。就是澤倫斯基和他的那些納粹分子。」

絲薇拉娜輕蔑地噴了一口鼻息。

「聽你胡扯！你們只是來搞破壞的。」她直勾勾瞪著士兵說。

就是這句話激得士兵舉起了他的 AK-47 步槍，他幾近客氣地戳向絲薇拉娜的腹部，告訴她他要數到三。

（註 1）絲薇拉娜的丈夫姓馬辛柯夫斯基（Martsynkovskyi），她結婚後從夫姓，姓氏為馬辛柯夫斯卡（Martsynkovska），這是由於斯拉夫語族中陽性與陰性的姓氏有不同的格式。

2

一個星期前，清晨五點二十六分，沃茲涅先斯克的鎮長在床上翻過身，抓起手機，在黑暗中聆聽著沒有人相信可能成真的消息——整個城鎮裡他所認識的人，包括地方上的自衛隊，可能還包括舉國上下，沒有任何人相信這事有可能會發生。

「瞭解。」耶夫赫尼·維利奇科說。這時他已經站了起來，正在尋找衣衫，努力別讓胸膛裡的砰砰跳動聲透露出他自然的恐慌本能。

俄羅斯軍隊剛剛跨越了邊界，多枚俄羅斯飛彈擊毀了國內各處多個目標，包括沃茲涅先斯克南方十五公里處一座軍用機場。俄國政府對烏克蘭的侵略行動已然開展。

耶夫赫尼是個纖瘦、認真且精力充沛的三十二歲青年，他原本是地產開發商，留著金色短髮，說話聲音不大卻乾淨俐落，像小石子喀啦啦一路滾下山坡。他打電話給副鎮長安德烈．祝可夫，兩人決定盡快在辦公室碰個面。幾分鐘後，鎮長坐上車，開上結了冰的空蕩蕩街道，一面在腦中條列事項。

這兩個人上個週末都在首都基輔參加一場會議，會議主題為「安全且具功能性的未來社區」。那是地方政府的例行活動，當天會議室裡坐滿了新一代的年輕官員和政治工作者，有些仍在努力擺脫後蘇聯資本主義的貪腐與裙帶關係，多數則跟隨著烏克蘭新總統澤倫斯基靈活的腳步，忙著更新自己的社群媒體。這新總統原是個喜劇演員兼電視明星，能當上總統令眾人跌破眼鏡。

會議中有個議程是討論安全，與會人士鄭重地討論當俄羅斯的武力威脅逐步升高之際，地方政府有必要建立起各自的地方自衛隊，畢竟普丁說了那麼多天花亂墜的言論，又在邊境集結重兵。但這討論感覺不切實際，無論美國人怎麼說，俄國顯然只是在虛張聲勢。有個與會的講者還特意安慰大家：

「不會打起來的。我們已經做好準備，但是別擔心，不會有事的。」

❁❁❁

這時鎮長駕車沿著沃茲涅先斯克十月革命街（October Revolution Street）駛去，轉進鎮公所，那是一棟漆成淡黃色的堅固三層樓建築。外頭仍伸手不見五指，寒風刺骨，他擔憂著仍在家中的妻子，以及九歲兒子和兩歲女兒。他想著需要給自己弄把槍。

沃茲涅先斯克是個小小的農業城鎮，鎮名的意思是「升天」（譯按：指耶穌升天），市鎮中心有排列整齊的蘇聯時期行政大樓，以及革命前風格的老房子和教堂，四周圍繞著許多照料完善的單層樓農舍。看來像是極力維持著傳統的建築風格，但或許只不過是太過偏遠落後，以致於沒有人有興趣進行新的建設。鎮上有一座舊的體育場、一座館員懷著深情悉心策展的博物館、一座繁忙的市場、好幾座塞滿了雕像的公園，以及一個火車站。

隨著烏克蘭一路跌跌撞撞地逐步放棄蘇聯的中央計畫經濟，鎮上的皮革工廠、水果罐頭工廠及一個大型的乳製品合作社相繼倒閉，但是近幾年來，鎮上的穀物產業反而暢旺起來。如今鎮公所前面的街道上開了兩家壽司餐廳、一間小小的旅店、一家藏書頗豐的書店，及一家賣有甜菜根湯及十多種不同型餃子的咖啡廳。

這是個井然有序的可愛城鎮，因為位於兩條河流的匯流處而有著獨特地位。

全國第二長的河流——南布格河（Southern Buh River）——在城鎮的邊緣與意為「死水」的較小支流梅爾特沃維德河（Mertvovid River）交會。

耶夫赫尼走上樓，經過辦公室外廳的魚缸，走到辦公桌前。幾分鐘後，副鎮長安德烈也到了。安德烈是個資訊科技專家，頂著一個西瓜皮頭，擁有醫療系統程式設計的背景。兩人坐在二樓的橢圓形會議桌旁，開始聯繫位置較靠近俄國控制領土的城鎮鎮長，想搞清楚究竟發生了什麼事。至於試圖去聯繫基輔什麼有力人士就不必了，更別說去聯繫什麼軍方人士了。很難相信，前一天他們才剛剛在這裡舉行地方議會會議，討論社會補助的議案。

不到一個小時，十幾個地方上的重要官員都到了，鎮上的警察局長、醫院院長、地方自衛隊的領袖都來了。這些人大半年輕，男女幾乎各半，這是這個時代特有的樣貌。人人臉上都帶著相同的「這有可能是真的嗎」的驚詫神情。

安德烈打電話給妻子。他們正在辦離婚，妻子和三歲兒子待在另一個城鎮，與進犯中的俄軍近得多。他要他們搬回沃茲涅先斯克，但妻子害怕，堅持留在原地。會議室坐滿之後，安德烈咕噥著說出多數人的心聲：

「我一點兒也不知道現在是該怎麼辦。」

3

同一天上午七點，一輛破破爛爛的綠色雷諾車駛進鎮公所前的車道。車子後座地板上放著一把仔細漆上迷彩顏色的AK-47步槍、一張收捲起來的鋁箔毯、一套防彈衣和一個背包。這是他慣有的配備——全套的戰鬥模式。

開車的是個乾淨精壯留著小平頭的男子，他跨下車來與其他人打招呼。其他這十二個穿著相似迷彩衣、全副武裝的人，像地方上射擊俱樂部的成員。他們都是經驗豐富的志願軍人，有些仍在服役，有些則在休假中或已經離職。這些人在駕車者身旁圍成了一個圈。

「大夥兒都到了嗎？」他問。

這人名叫維迪姆，但大夥兒都喚他「鬼魂」。過去八年間，他在頓巴斯地區與俄軍戰鬥，多數時候置身於一個名叫巴赫姆特（Bakhmut）的城鎮附近，這個城鎮不久後將因抵禦俄軍兇猛攻擊超過半年而聲名大噪。他在這八年間獲得了「鬼魂」的稱號。二〇一四年俄羅斯侵占克里米亞之前，鬼魂曾經蜻蜓點水地務過農，之後從商、踢過足球，還當過鎮代表，但在志願從軍之後，他發現從事間諜工作是他的天職。沒多久，他就成為一批偵察部隊的領袖。他善於預測敵人動向，善於匍匐穿越田野，去偵查敵人的位置。

「我猜這是我天賦的本能吧！」他會這麼告訴別人。

有一陣子鬼魂的生活看似穩定了下來，那時他有個在鎮上美容院工作的新女友，有個在波蘭念書的十多歲女兒。對於俄羅斯，他和身邊多數人一樣，禁不住要抱持著一種不耐、一種對一切了然於胸的嘲諷態度，也有心理準備要再打上一場仗。但就連他也沒預期到這樣全面性的進攻。

這群人在鎮公所外設立起一條安全警戒線。不到幾小時，他們就堆置了沙包，訂好了輪值表，並展開巡邏。但首先，鬼魂去見了耶夫赫尼，警告他接下來可能會發生什麼事。

❋❋❋

俄軍赫然就兵臨赫爾松（Kherson）城郊，與此地的直線距離僅有一百四十公里。他們已經渡過了寬闊的第聶伯河（Dnipro River），只要再往西一點就會到達下一座大城，海岸線上的尼可拉耶夫（Mykolaiv）。

鬼魂俯身在鎮長的會議桌上，手指戳著一幅烏克蘭南部的大型地圖，細細說明他認為的風險所在。

尼可拉耶夫肯定會激烈抵抗，這點鬼魂毫不懷疑。這為他們爭取到一點時間，最起碼最起碼，在未來幾天之內，烏軍會有時間在尼可拉耶夫橫跨南布格河的瓦爾瓦里夫斯基橋（Varvarivskyi Bridge）上安置炸彈。

那座橋有七百五十公尺長，中間一段橋身可以旋轉九十度讓船隻通過。克里姆林宮的主要目標是烏克蘭海軍總部所在地——港口大城敖德薩（Odesa），烏軍若是能將俄軍阻絕在這個渡河口，俄軍前進的目標之路就會遭到阻礙，至少是一段時間的阻礙。

但是，然後呢？然後俄軍會需要另找一個方法渡河。

南布格河從黑海朝北一路大幅蜿蜒，經過尼可拉耶夫的舊造船廠、巨大的穀物貯存塔，以及這座優雅的城鎮。過了尼可拉耶夫後，河道不再大幅度地繞彎，而是逐漸細窄，蜿蜒在寧靜祥和的鄉間，直到到達沃茲涅先斯克。也是一直到這裡，在瓦爾瓦里夫斯基橋上游約八十公里處，有一座穀物貨船可以靠岸停泊的新碼頭旁，才有另一座跨越南布格河的橋。

尼可拉耶夫通往沃茲涅先斯克最主要的道路是P06，這條沿著河東岸建造的路，有幾處正在維修中。但是要跨越南布格河，首先必須跨越死水河。

「這裡。」鬼魂指著地圖說。

很明顯，俄軍若有意朝西往敖德薩挺進，並且超越敖德薩，就必須沿P06北上，先跨越沃茲涅先斯克城內死水河上的橋，而後左轉，再跨越沃茲涅先斯克南部城郊位於南布格河上的另一座橋。倘使他們快速渡河，並且保持著同樣的如虹氣勢，將會切斷首都基輔與敖德薩間的通道。此時此刻俄軍極可能正筆直朝沃茲涅先斯克而來。

俄軍之所以集中火力關注這座看似無害的小小城鎮，當然還有另一個原因。沃茲涅先斯克以北三十公里之處，南布格河為一座水力發電廠以及烏克蘭第二大核能電廠提供水源。這座核能電廠設有三具壓水式反應爐，俄軍若是掌控了這座電廠，等於掌控了整個烏克蘭的電力系統。

耶夫赫尼、安德烈和鬼魂三人面面相覷。需要處理的問題這樣多，有多少時間可用卻不明朗。幾天嗎？或者運氣好的話，也許有一週的時間可用。

他們需要沙包，需要水泥護欄，還需要志願軍、輪值表、掩體、安全的通訊系統、士兵與志願軍的糧食、預警系統——也就是布建在附近村莊中的間諜網絡——還要有汽油彈、更多槍枝，以及更多得多的軍火。他們需要研究出最有可能成功的進攻路線，需要知道能不能從已經左支右絀的國軍獲得什麼樣的軍事支援。最重要的是，他們需要想出一套策略，一套能讓一群多數業餘的志願軍有能力防衛自己的小鎮、抵禦俄羅斯全面性侵略的策略。

在這種亟欲抵禦俄軍的需求盤點下，隱而未顯的是他們明瞭自己正面臨著什麼樣的挑戰。耆老尚在，許多烏克蘭人還記得一九九〇年代，俄羅斯軍隊鎮壓車臣分離主義分子時，是如何摧毀他們的城市格洛茲尼（Grozny）（註1），況且不是摧毀一次，而是摧毀了兩次。

過去八年來，他們看著俄羅斯在頓巴斯地區大打代理人戰爭，他們也看見了敘利亞的新聞，看見俄羅斯砲兵如何有條不紊地一一摧毀整座整座的城市。克里姆林宮全沒把平民百姓的命運放在眼裡。俄軍此次前來，若不是將如入無人之境般地橫掃整座沃茲涅先斯克鎮，就是會想辦法夷平這座小鎮。

然而那天早晨，全程沒有任何一個人提出鎖上家門讓俄軍大舉通過沃茲涅先斯克的想法。倘使有人心中這麼思忖過，他們也沒說出口。相反地，他們條列出了更多事項，訂定了更多的優先順序，侵略的驚駭殘影，迅速淹沒於這許許多多的待辦事項中。

鬼魂離開鎮公所，坐進他的雷諾汽車，跨越死水橋，朝拉科夫駛去。是該開始幹活兒了。

（註1）Grozny，車臣共和國的首都。該城在兩次車臣戰爭中都遭到毀滅性的破壞。一九九四年俄羅斯出兵，試圖吞併蘇聯解體後獨立建國的車臣共和國，一九九六年俄羅斯戰敗，退出車臣，是謂第一次車臣戰爭。一九九九年，普丁出兵鎮壓車臣分離主義分子，展開第二次車臣戰爭，戰爭至二〇〇九年結束。

4

他們看起來很不起眼，他們有自知之明。這是一支衣衫襤褸的隊伍，啤酒肚、灰鬍鬚，頭戴棒球帽，身穿運動服，足蹬球鞋。他們當中最年輕的是十八歲，最老的已經在領老人年金，其中多數人這輩子從沒碰過槍。

但在經過忙亂緊張的七天之後，星期三上午，這群人站在小鎮東南郊一座臨時戰壕裡，輪流拿望遠鏡向迷霧中眺望，互相索討香菸。

這三十個志願民兵是沃茲涅先斯克的第一線防衛，而情勢對他們不利。時間在百無聊賴中過去，香菸也早已抽完，他們的疑竇幾乎如漫畫中焦慮的思想氣泡般從壕溝中不斷冒出。「到底他媽的還要等多久？」「我們會不會只是徒勞無功地做做樣子而已？」「我們是不是應該像我們鄰居那樣，上週就該坐進車裡，全速朝西逃之夭夭？」

三十八歲的律師瓦倫提恩，在俄羅斯入侵的第一天就加入民兵自衛隊。他是個個性陽光的精瘦男子，未婚，一輩子居住在沃茲涅先斯克，與家人和同學十分親近。他新近領養了一隻懷有身孕的流浪貓，每週練三次巴西柔術（註1），但他不是士兵，對解決法律紛爭比面對戰事要熟悉得多。對他而言，立刻加入民兵組織本是該做的事，但此刻站在他身邊的其他人，大半是昨天才剛加入的，他們不信俄羅斯真的兵臨城下，最後一絲懷疑直到昨天才完全消逝。

隊伍中有好些人已經棄守了，包括一名軍官和一名鎮代表。有些人是從這壕溝的戍守位置落跑的，這裡鄰近一個廢棄的蘇聯時代抽水站，他們就這樣消失在冷風中。有更多人在今天早晨，聽說俄羅斯軍隊確定朝此處逼近，並且聽到他們背後的城鎮中響起了第一記悶悶的爆炸聲之後開溜的。

瓦倫提恩再也忍不了。他爬出壕溝——那根本不算個真正的壕溝，只是多年前一樁未完成的工程留下的深坑。他走到附近的樹叢去解放。

團隊裡多數的人他都不知姓名，有部分隊友穿著迷彩裝。昨天上頭發給他們AK-47步槍和一盒二十顆的手榴彈，此刻他們的任務是要阻止一支武裝縱隊進入城鎮，也有可能是數支武裝縱隊。

這裡是一處廢棄的工業區，有裂著縫隙的水泥牆和破碎的窗戶，他們挑上這個點，是看中這裡的視野，從這裡，視線可以越過布滿作物殘梗的灰濛濛田地，望向拉科夫，也可以看見通往尼可拉耶夫的主要道路。

大夥兒都相信敵人會沿著尼可拉耶夫那條道路進犯，但這天早晨，他們卻搞不清俄軍會從哪條路線前來了。瓦倫提恩的一位親戚稍早打電話給他，說他看見數量驚人的俄羅斯坦克車經過他家小屋，來到沃茲涅先斯克東側一座名叫葉拉涅齊（Yelanets）的小鎮附近。他們走了一條完全不同的路線。

（註1）Brazilian jiu jitsu，源自日本柔道的巴西武術。

5

小山丘再上去一些，峽谷如擱淺的船隻般隱沒入田野，三個平民簇擁著站在一塊兒，點燃他們這天的第一根香菸。他們咕噥著，也許今天早晨出門工作不是個好主意，還說搞不好附近哪裡還藏著另一瓶伏特加，儘管他們已經喝了好幾杯了。

米夏、羅馬和斯拉維克都在沃茲涅先斯克的鎮立垃圾場工作，只不過工作形式不同。多數的日子裡，羅馬和斯拉維克仔細翻揀垃圾，尋找可以賣給鎮上資源回收場的廢金屬。米夏新近獲得了看管垃圾場的工作。這幾個人打從讀書時代就是死黨，成天混在一起，唯有當酒精搞得他們些許錯亂時才會分開——斯拉維克尤其錯亂得厲害。

「我腦子有問題。」他有時會面露帶著歉意的微笑這麼說。

打從二〇一四年俄羅斯第一次入侵時開始，斯拉維克用不著喝很多，光是一、兩杯黃湯下肚，就開始指控他們當中有叛徒，並且把矛頭指向自己的朋友。他們已經爭吵過數不清多少次，有時就坐在絲薇拉娜家的院子裡，當著絲薇拉娜狐疑的面孔前大吵。

米夏是絲薇拉娜的兒子，絲薇拉娜家和垃圾場就在同一座山丘上。米夏的外號是「卡沙帕」，最接近的意思大概是「山羊」，這是烏克蘭人對俄羅斯男人的輕蔑稱號，但米夏打從九歲剛搬到拉科夫來時，就開始被稱為卡沙帕，而那之後，生活把他折磨得夠苦，他毫無異議地接受了這個稱號，甚且有些洋洋得意。如今他四十二歲，有個女兒住在附近的某個村莊，伴侶死後，他變本加厲地酗酒，女兒便被帶走了。如今他一個星期的多數日子都待在這，巡邏著隱隱燃燒的垃圾場。

他們大約是在十一點左右聽見第一記爆炸聲，低矮的雲朵稍稍壓抑了爆炸的音量。掌管垃圾場的人早先就警告他們，可能有一支甚至數支俄國部隊正朝此地前進。米夏和羅馬輪流站在一個翻倒的桶子上，朝北方和東方眺望。

烏克蘭南部的景色有一種漫不經心、幾近於笨拙的壯麗——這和山川的大小規模有關。一望無際的麥田向四面八方延伸，包圍著廣闊的、誇張的輪廓，襯在起伏綿延的巨大山巒、寬廣的河流，以及朝著黑海海岸一路向南蜿蜒的深不見底的溪谷旁，居於其間的大城鎮、電廠、橋梁都猶如小小的模型。

「坦克車。」米夏伸手指著前方說。

眼前至少有三十輛車，也可能比三十更多得多，裝甲運兵車、油罐車、火箭、卡車，從葉拉涅齊往沃茲涅先斯克一路行來。部隊在山丘頂端停了下來，距離他們約一公里遠。

米夏打電話給母親，母親一接電話就開始說，她晚上打算熱些高麗菜捲給他做晚餐，米夏打斷母親，告訴她戰爭已經開打了。

羅馬忽然高喊。

「趴低！快跑！」

子彈從頭頂呼嘯而過，羅馬和斯拉維克匍匐在垃圾場中爬行，尋找掩護。兩人都講著電話，急著通知沃茲涅先斯克裡他們所能聯繫到的任何人，告訴他們俄軍來了。

但米夏已經開始往南行走，越過逐漸縮窄的溪谷前端，往拉科夫前去，要走往他父母的家。他真心祈願自己這天早晨什麼也沒喝。

6

這是一條長四十公里的筆直道路，越過覆蓋著點點白雪的黑暗田野，從葉拉涅齊向西通往沃茲涅先斯克。在小鎮外圍，距離垃圾場不遠處，道路經過一座新的太陽光電廠，有數英畝的土地鋪設了閃閃發亮的太陽能板，另有一座紅白鋼梁交錯的電視塔。

這天稍早，一支來自沃茲涅先斯克常駐國防小隊的八人小組，駕車來到太陽光電廠背後一座老舊倉庫，藏匿起他們的車輛，徒步動身去尋找適合埋伏的位置。和山下抽水站附近的志願軍不同，這些人是職業軍人，無疑正由於他們是職業軍人，因此得以默默取得了一批 NLAW——新一代的輕型反戰車武器。

英國製造的 NLAW 是肩射型飛彈系統，超乎想像地輕便可拋，瞄準發射幾乎簡易如兒童玩具，製造商宣稱這款武器「無論白天黑夜均可由單一士兵於五秒左右部署完成」。戰爭開打的第一週，這種武器便嶄露頭角，成為烏克蘭步兵防堵俄軍進犯的主要武器。

中午時分，一名三十歲左右的軍官從道路南側的樹叢中踏出來，他是出身沃茲涅先斯克當地的人，比較常負責設置路障，他和小隊其他成員一樣，每個人分到兩枚 NLAW。

他把其中一枚放在腳邊堅硬的地上，另一枚舉上肩頭，瞇著眼瞄準逼近中的俄國部隊，扣下板機，被飛彈射出的後座力震得吃了一驚。飛彈沿著道路呼嘯而去，擊中一輛可能搭載有三十名步兵的俄國卡車。

卡車迸出一陣橘白色的閃光，成為一團不斷膨脹的煉獄。

「正中紅心！」四周有喃喃的叫好聲，沒有跡象顯示那輛卡車上有人員成功脫逃。這名士兵沒有停下來思考這事，眼下是在作戰。他放下發射器，彎腰拾起第二枚 NLAW 飛彈。

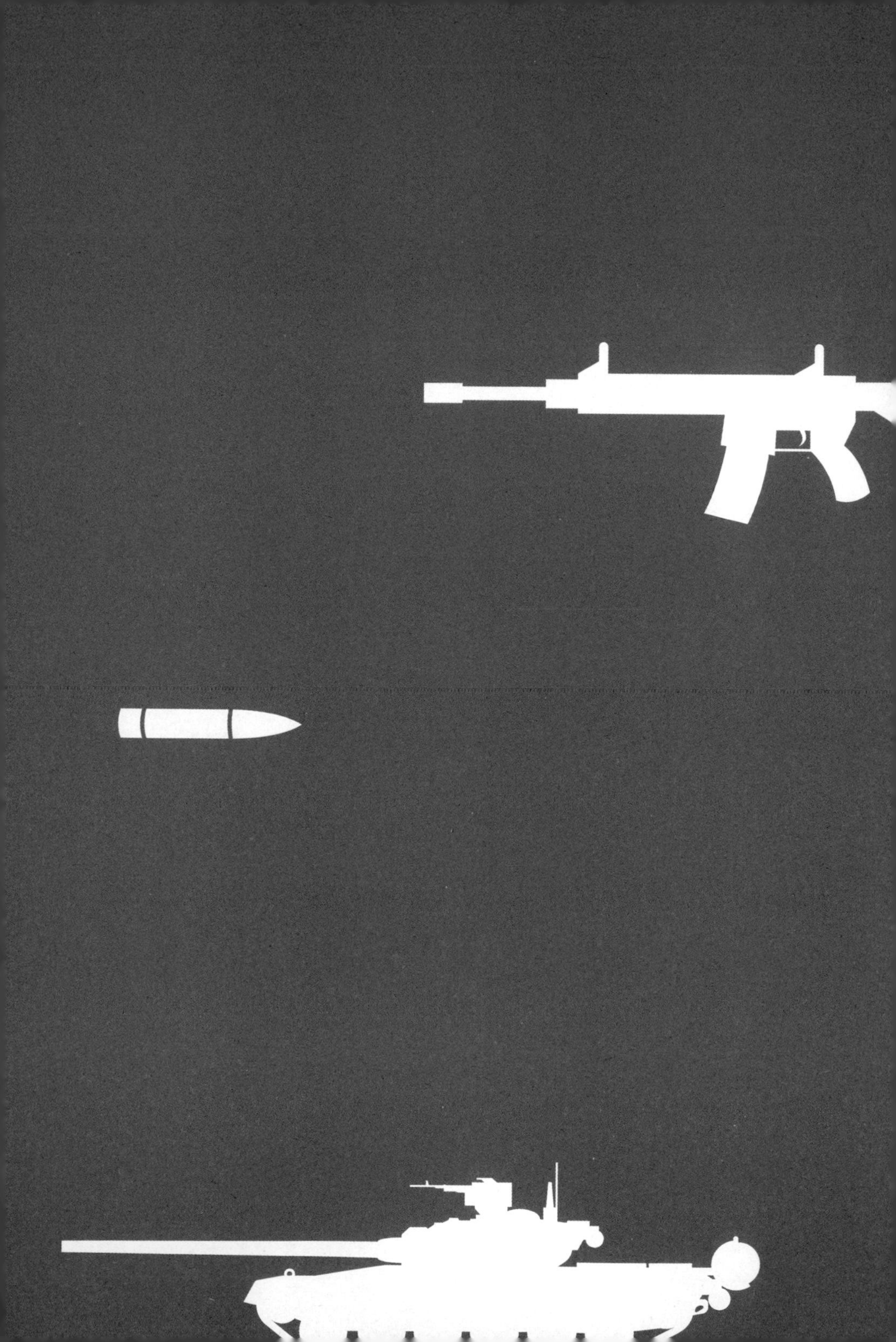

7

就和俄軍第一二六岸防旅的多數軍官一樣，四十八歲的伊果・魯登科隱隱知悉上頭正在策劃某種大事，某種與烏克蘭相關的事。較低階的軍人被蒙在鼓裡，而官方對公眾的說詞始終是「這是一場『演習』」，如此而已。但到了二〇二二年一月，擁擠的軍隊食堂中，吱吱喳喳的談話聲愈來愈響，內容也愈來愈具體。

伊果個子高，身材瘦，脊梁挺直，凹陷的兩頰突顯出他的斯拉夫骨架，整個人看來像個俄羅斯的模範士兵，但他比同僚更憂慮即將發生的事不是沒有原因的。

第一二六岸防旅駐紮在被俄羅斯占領的克里米亞，克里米亞是個巨大的鑽石型半島，突出於黑海，從沃茲涅先斯克往東南方行車，約是五小時的路程。第一二六岸防旅的總部設在一座名叫佩雷瓦尼（Perevalny）的城鎮邊緣，位在山丘高處，與渡假城鎮及海灘有段距離，距離十九世紀克里米亞戰爭（註1）的知名戰場巴拉克拉瓦（Balaklava）及塞凡堡（Sevastopol）不遠。

先前幾週，部隊裡開始緊鑼密鼓地進行視察和操演。士兵們都在晚間新聞裡聽見了克里姆林宮對烏克蘭所發表的憤怒言論，但官方始終沒有公布什麼消息。在一月下旬，伊果所屬的營帶著坦克車、裝甲運兵車、大砲、火箭系統，也就是全套配備，被派到了克里米亞東部，克里米亞大橋附近。這座橋在二〇一八年由普丁總統親自主持通車典禮，他稱讚這座直通俄羅斯本土的跨海大橋是個「奇蹟」。

如今他們在覆雪的冰冷平原上進行實彈演習，迫擊砲、AK-47步槍、重型機關槍全數出籠。接著在二月二十日接獲命令要再度移防，整個營移到克里米亞的最遠端，靠近半島與本土之間寬度僅五公里的細窄頸部。伊果和他的同袍就是在這座名叫斯拉夫納亞（Slavnaya）的村莊，接到由普丁本人下達的官方命令，說明他們此行並非演習。

氣氛霎時就變了。砲兵旅擴大了陣容，增加了許多新血，這些年輕義務役士兵被徵召入伍，但被要求假裝是職業軍人。照道理，除非宣戰，否則義務役士兵是不能在俄羅斯領土之外打仗的，然而他們即將展開的不是戰爭，而是普丁所宣稱的「特別軍事行動」。接著上頭又發下了新的配備，包括更多的彈藥、醫藥包、止血帶，以及一種蘇聯時代的類鴉片藥物普羅麥多（Promedol），可以用來和嗎啡注射一同治療疼痛。

伊果向師長詢問軍隊的計畫，師長回答：「如果上頭發了普羅麥多，那我們就是要去作戰了。」

二月二十三日，伊果和同袍一同到附近的城鎮去買白漆，上頭要他們在戰車車身漆上「Z」字母，好讓俄羅斯戰機能夠分辨敵我。幾小時後，部隊摸黑出發，朝北離開克里米亞，他們接獲的命令是要前進八十公里，前往將烏克蘭一分為二的大川第聶伯河。在赫爾松以東約八十公里處，有個叫新卡霍夫卡（Nova Kakhovka）的市鎮，這裡有一座跨越第聶伯河的重要橋梁，伊果所屬的營要協助拿下這座橋，好讓更多部隊通過這座橋以便攻向基輔，並且沿著黑海海岸前進。

午夜過後的某個時刻，伊果看見地平線有道紅光綿延開展。是俄羅斯開始進行轟炸了。沒有多久，他們的車隊行經一個原本應是個烏克蘭檢查哨的地方，他們在此處看見頭一批死亡的士兵，路邊的鐵絲網旁橫躺著三名烏克蘭士兵的遺體。很顯然，俄羅斯坦克車在附近站定了攻擊位置，把這些烏克蘭守衛殺得措手不及。

第一二六旅的成員在此刻感到不快有相當多原因，多少年來，他們都被告知是一支純粹的防守部隊，任務在於保衛克里米亞，普丁本人也是這麼說的。他們對這次行動的規模毫無概念，對這項行動的終極目標也一無所知。但對伊果來說，還有一個更私人的問題困擾著他，這問題直搗這整個軍事衝突的核心。

伊果是烏克蘭人。第一二六旅有好些同袍也都是烏克蘭人。

伊果出生在第聶伯河河畔的一座村莊，只比他即將要前去襲擊的大橋上游一點點。他是個烏克蘭男人，有個烏克蘭妻子，和一個烏克蘭女兒。他曾誓言要保衛烏克蘭，如今卻置身於一個正在攻打自己國家的外國軍旅中。

事情是怎麼搞到這步田地的？

❋❋❋

伊果・魯登科孩提時代大半時間都待在克里米亞半島，這裡是蘇聯黑海艦隊的主要基地。十九歲時，他決心投身軍旅，當時蘇聯已經解體，烏克蘭獨立建國，克里米亞成為烏克蘭的一部分，伊果於是在一所烏克蘭軍校展開軍事訓練。某種程度來說，隸屬於哪個國家沒有太大意義，是烏克蘭、俄羅斯或蘇聯都不重要，重要的是他有了個體面的職業。當時，軍事系統仍在經歷緩慢且痛苦的分家過程，要決定哪些戰艦、哪些基地、哪些槍械，該隸屬於哪個新近獨立的國家。

有些國家在分家過程中採用了邊緣策略（註2），最後各方終於簽署了協議，黑海艦隊絕大部分歸俄羅斯所有，烏克蘭也同意俄軍可持續控制位於克里米亞的黑海艦隊港口及基地，至少直到本世紀中期。

二〇一四年時，伊果已經成家，有個三歲女兒，在一二六旅也有個前途似錦的職位，他為一個連隊主掌野地通訊事宜。但烏克蘭的政局瞬息萬變，年輕一代都恨不能脫離俄羅斯的勢力範圍，掙脫獨裁的克里姆林宮笨拙的掌控，投向歐洲聯盟的懷抱。莫斯科為了防止這種情況發生，下手愈來愈重，終將情勢推升到了頂點。在驚濤駭浪的幾週之間，親俄的烏克蘭總統（註3）在群眾運動中遭到推翻，俄軍則占領了克里米亞半島。

這時，伊果做了一件他事後回想起來是個「巨大錯誤」的決定。他沒有棄他的旅而去，沒有放棄他在克里米亞的軍職，而是換邊站，轉而宣誓效忠俄羅斯。那時好幾個烏克蘭士兵都做了相同的事。這個決定大體上沒有太嚴重的意識型態衝突，他們的家園與家人都在克里米亞半島上，俄烏雙方也有共同的蘇聯歷史背景，一動不如一靜。

後來伊果宣稱他們被「殭屍化了」——被俄方天花亂墜的宣傳手法騙倒了。俄方承諾他們會有較好的薪酬、較好的配備、較好的住宿環境，以及高於烏克蘭兩、三倍的生活水準。這些話聽來都很可能成真，畢竟當時烏克蘭由貪腐的寡頭掌控，政局烏煙瘴氣，又忙於擺脫過去隸屬於舊蘇維埃帝國的地位，而俄羅斯正在重新崛起，投身俄羅斯麾下有什麼不好？

伊果花了好些年才認清真相。他的確升了官，俄羅斯也的確大手筆投資克里米亞，這個地區成為俄羅斯軍力的展示櫥窗，但較好住宿環境的承諾從未實現。接著烏克蘭切斷了一條供應克里米亞用水的運河，當地於是實施限時供水，也造成物價飛漲。留在克里米亞的烏克蘭人很快就開始懷疑，他們的俄羅斯同袍瞧不起他們，正如同曾經是同袍的烏克蘭人也瞧不起他們一樣，他們兩面不是人。伊果看清了這是怎麼一回事——這是一場騙局，一場鬧劇。

但是其他人依舊樂觀。他們的旅長同樣也是烏克蘭人，但他看不起基輔的親西方主張，看不起民族主義，看不起局勢變化的速度，也看不起他們要求軍方背棄光榮蘇維埃根源的想法。畢竟第一二六旅曾經參與史達林格勒戰役（註4），在將納粹趕出克里米亞中出過力。而如今，掛著俄羅斯旗幟的這支勁旅，又再次成為一支真正的作戰部隊。

❋❋❋

俄羅斯入侵烏克蘭四天之後，伊果的部隊跨越了第聶伯河，準備揮軍朝赫爾松挺進，第一二六旅其他部隊也正從南部向赫爾松集中。仍因為驚嚇而腳步踉蹌的烏克蘭軍隊，則開始回防尼可拉耶夫。赫爾松曾是個巨型經濟中心，是個擁有造船工業的海港，但在二〇一四年俄國入侵克里米亞後處境艱難。在未來不到幾個小時後，這座大城將落入俄羅斯手中。

但是揮軍赫爾松的這段路程可不輕鬆。烏克蘭的無人機和迫擊砲瞄準了伊果的部隊，他們損失了好幾輛裝甲運兵車。接著在二月二十八日晚間，他們的部隊又在赫爾松東北部寬廣平原上的一座小村莊外遭到包圍，烏克蘭砲兵部隊以極高的準確度，對著他們重砲轟擊了數小時。

隔天清早，伊果和其他十名有幸存活的士兵，從附近一座森林裡匍匐爬出。他們當中有些人受傷了，所有人都渾身髒汙，既迷惘，又詫異自己竟能存活。然而林子外迎接他們的是一群持槍的烏克蘭農民。

「小夥子，別開槍，別射自己的同胞！」伊果說。他明白這話聽來多麼奇怪，多麼荒謬，多麼引人不快。

他的一個同袍既疲累又緊張，用機關槍短暫地轟了一陣，但並沒有打中逼近中的烏克蘭人。

「別開槍！」伊果這會兒是用喊的。大夥兒按兵不動了一陣。

「哪個是指揮官？站出來！」其中一個農民喊。

伊果舉起雙手，踏上道路。他身穿暗綠色迷彩夾克，左臂上有面醒目的俄國國旗。短短幾分鐘內，他和其他士兵默默交出武器，被俘為戰囚。他們的部隊潰不成軍，數十名士兵非死即傷。

不到幾天後，伊果坐在基輔一間會議室裡一條長桌背後。他這會兒成了戰俘，仍然身穿笨重的俄國軍服，額前汗水淋漓。他對著一大群記者與攝影鏡頭說話，深深嘆息，看來像個亟欲卸下心頭重擔的男人。

「我是烏克蘭國民，」他說：「我的靈魂深感痛苦，我乞求你們的原諒。」

（註 1）發生於一八五三～一八五六年，係俄國為與英、法爭奪小亞細亞控制權而展開的戰爭，戰爭一方為俄國，另一方為英、法、鄂圖曼土耳其帝國及薩丁尼亞帝國聯軍。

（註 2）brinkmanship，藉由逼近戰爭邊緣來迫使對方屈服的一種策略。

（註 3）亞努科維奇（Viktor Fedorovych Yanukovych），二〇一〇年上任，二〇一四年遭到推翻。

（註 4）Battle of Stalingrad，二次大戰時納粹德國與蘇聯爭奪史達林格勒的戰役，雙方傷亡慘重。

8

「媽，電話給他吧，別傻了！」

米夏從鎮立垃圾場往拉科夫小村的邊緣奔跑，一路跑到母親絲薇拉娜家的農舍。他在路上發現河畔的幹道上有更多俄國裝甲車，抽水站附近有槍響傳出。他看見俄國車輛開始往北穿越小村。

米夏立即做了投降的決定。他跨越父母家背後開闊的田地，一看到頭一批俄國士兵，便把雙手高舉過頭，士兵以槍威脅他，逼迫他走向絲薇拉娜及他的父親佩帝亞，這兩人這會兒已經並肩站在夏天給庭院遮蔭的光禿禿葡萄藤下。絲薇拉娜正與其中一名士兵爭執，拒絕交出她的手機。

「我只說這一次，電話給我，躺到地上去。我們是來保護你們的。」士兵說。

「媽！」米夏對著她喊。絲薇拉娜的肩膀垮了下來。

這會兒輪到米夏交出他自己的手機。他想起自己沒刪除通話紀錄，但已經太遲了。

「〇二，」士兵看著螢幕：「這是報警的電話。」

「天啊，孩子，請別殺我們！」絲薇拉娜一隻手按著裹住腦袋的紅色頭巾，哭著說。她從米夏恍惚的神情和笨拙的舉止看出他喝了酒。現在他們要朝他開槍了，這簡直就像戰爭電影裡的一幕。

但那士兵也看出來了，看出他的醉眼迷濛，看出米夏對他毫無威脅性。

「妳要我對他開槍嗎？」士兵問絲薇拉娜，語氣充滿了嘲諷。

「噢，米夏！」她搖頭。而今他們坐在地上，另一個士兵拿走了所有電話，他們收集了一整袋一整袋的電話，那士兵拿著那些電話轉過角落，往一輛坦克車前的爛泥堆裡一扔，坦克車慢吞吞地向前開動，吱吱嘎嘎把全部的手機輾進泥地裡。

「我們不是野蠻人，你們乖乖聽話，就不會有事。」看守他們的士兵這麼說。

有些俄羅斯人忙著在沙包裡填裝泥沙，有些點燃整捆整捆的稻草，替在農舍屋頂上就定位的狙擊手製造掩護。頭頂有一架直升機正低空飛行。

「是我們的直升機。」有個個子較高的士兵這麼說。他看來是這群人裡的頭頭，正忙著用一台無線電通話。

「你們是要住在這兒嗎？」絲薇拉娜問。

「我們明天早晨離開。」那士兵回答。

「拜託不要炸我們的房子。」絲薇拉娜說。

又一個車臣士兵擠過來，吃力地把一只裝滿彈藥的木箱搬進庭院。

「要不是你們的軍隊在幹道上攻擊我們，我們根本就不會經過這裡。現在我們有傷患，你們有沒有繃帶？針筒？抗生素？」他問。

「什麼都沒有，只有我的血壓藥。這裡是小村莊，醫生一個禮拜才會來一次。」絲薇拉娜努力維持禮貌。

士兵朝大門比了個手勢，命令絲薇拉娜、佩帝亞和米夏三人離開，立刻走。

「找個地下室待著，戰爭就要開打了。」

❋❋❋

他們一家三口走下山坡時，聽見砰的一聲，以及直升機螺旋槳的喀喀聲。展現在他們眼前的是，拉科夫之外幾片空蕩蕩的田地以及一排細瘦單薄的樹木，而南布格河緩緩地、漫不經心地在此處轉了個彎，河的另一邊有一片廣闊的灰白草原，寬度超過一公里。草原之後，平地突然隆起成為樹林，樹林再過去，有一座小型的烏克蘭空軍基地馬提尼夫斯克（Martynivske），這天清早又再度遭到俄軍飛彈擊中。

隨著俄羅斯地面部隊在北邊遭到攻擊，開始有一批軍用運輸直升機載著俄國傘兵前來跳傘。之後的幾個小時間，約有兩百名傘兵降落，看在沃茲涅先斯克防守隊員眼裡，是令人毛骨悚然的景象。

鬼魂很快就接到電話，告知他這些傘兵的到來。附近一個小村莊裡已經有人把消息傳播出去了，但一堆新的疑問也隨之而來，俄軍打算怎麼做？這是個單一事件，還是小鎮附近的其他田地會有更多傘兵降落？通往沃茲涅先斯克的所有幹道上都設有檢查哨，但萬一俄軍在策劃更大型的攻擊行動怎麼辦？萬一他們被包圍，小鎮的防守隊員絕對沒辦法同時在四面八方作戰。

隱隱潛伏在這所有問題之後的，是更大的不確定感。戰爭才進行了一個星期，克里姆林宮打的是什麼算盤，要進行到什麼程度，目前還無法得知。普丁的烏克蘭計畫奠基於傲慢、無知、謬誤的假設以及粗陋拙劣的組織規畫，只不過在這個階段，這些缺點還沒有浮現。

傘兵來到沃茲涅先斯克城郊，這事強化了鬼魂及其他人一整個星期來的說法。這個小鎮及死水河上那座生鏽的大橋是俄羅斯的重要目標，重要到足以為了它而去籌劃一場整合各方力量的大型行動。克里姆林宮顯然是吃了秤砣鐵了心，要不計一切代價沿著烏南海岸向前推進。

9

鎮長前一次的官方臉書貼文，是分享他和安德烈在基輔參與的那場會議，貼了兩人掛著識別證、僵硬拘謹地與其他地方代表合影的照片，並附上簡短枯燥的短文：「地方分權……的實施」。鬼魂在這篇貼文下留言詢問，對於緊急的民防事務，他們將採取何種具體步驟，鎮長回覆，他們將籌劃訓練課程，這回覆獲得了一個「讚」。

等到鎮長再次更新臉書，是俄羅斯入侵之後的幾個小時，耶夫赫尼上傳了一支短影片，影片中，安德烈和鎮議會議長斯巴塔克坐在他的兩側，三個認真的年輕人努力想向沃茲涅先斯克的居民投射出冷靜的形象，但你可以從緊繃的肩膀，看出他們需要花多大的力氣來遮掩驚駭。

基輔已經遭到轟炸，哈爾科夫（Kharkhiv）和尼可拉耶夫也是，俄羅斯軍隊已經大舉跨越烏克蘭防守不力的邊界，所謂「普丁只不過是在虛張聲勢」的說法不攻自破。

不久之後，耶夫赫尼就在他的綠色羊毛夾克外，套上一件黑色輕型防彈衣，他還會拿到一把手槍和一把皮套，還有藍色的袖章，小鎮的民防自衛隊員不久都要戴上這種袖章。他們三人是小鎮的政治領袖，但他們三人是該一起行動，還是該分散開來，以防其中一個遭遇不測？用手機安全嗎？他們該不該留在鎮公所的行政大樓裡？晚上該在哪兒過夜呢？

他們很快便決定要將指揮總部遷移到較安全的地方——兩條街外，有個地窖剛剛翻新。其次，他們必須關閉鎮上的學校，還要安排火車來載運想要躲開進犯的俄軍、往西邊逃難的家庭。鎮上有三萬五千人口，周遭鄉間則有十八萬五千人，安德烈負責為所有想搭火車逃難的居民安排遷離計畫。

還有，是的，「有些人」不該走。商人、地方官員，甚至他們的朋友，在沃茲涅先斯克需要他們的時刻，卻不聲不響地收拾細軟逃之夭夭。他們一定會良心不安的，在未來的某個時刻，等這一切結束之後，他們會得到報應，或許不會是多麼驚天動地的報應，但是誰做過什麼事，大家會記得。但另一方面，留下來的居民這麼快就默默地團結起來，卻也令人驚奇。在新的地窖總部中，行政團隊幾乎被來自四面八方有意伸出援手的提議淹沒了。

民防自衛隊訂定了全鎮各處檢查哨的輪值表，其中，東南方通往大城尼可拉耶夫的幹道上，那幾座檢查哨最為重要，地方上有一百多人志願加入輪值。二〇一四年俄羅斯第一次入侵時，他們設置了水泥路障來減緩通行速度，現下他們又增加了更多的水泥路障，也在路邊建造了掩體。公司行號從採石場載運砂石到鎮上來堵塞道路和填充沙包，幾十個學校停課的孩子加入生產線，填充沙包，協助大人補強重要建築物，焊接工人忙著用生鐵打造數十具坦克車陷阱，鎮上的餐館和廚房烹煮了數千份餐點，送到檢查哨和這些焊接場地。其他的鎮民則往玻璃瓶裡灌注汽油，再用布填塞瓶口，製造汽油彈。

這些活動實在不能稱為有趣，但很少人能否認，當全鎮居民忽然之間為了共同的目標緊密團結，齊心協力，這強烈的使命感使人激動莫名。

耶夫赫尼、安德烈和斯巴塔克三人變得密不可分，像是三人合為了一體，合為了一個人，安德烈是這麼感覺的。他們想出各自的代號，耶夫赫尼的父親當年從軍時曾被稱為「蒙古人」，於是他借用了這個外號。

頭一天晚上，耶夫赫尼和安德烈在鎮中心附近的一間罐頭工廠過夜，歇息不過幾小時而已。他們每晚轉換陣地。最後，包括斯巴塔克在內的三人決定，大家還是全天候守在一塊兒比較好，這樣總比每幾分鐘就要互相打電話通報消息要容易些。

一天早晨，在城鎮西郊一間皮革工廠度過一夜之後，三人把車停放在幹道附近，這時他們已經有個固定保鑣，外號叫「豺狼」。他們看見路的另一端有人走下車，往灌木叢裡扔了個東西，又驅車離去。

「這看起來很有蹊蹺。」安德烈說。

四個人在草叢中仔細搜索了一番，很快就找到一個小小的電子裝置，他們看不出那是什麼東西，可能是某種追蹤器，可以導引俄羅斯飛彈飛往某個特定目標。安德烈拿出智慧型手機，查看谷歌地圖，發現有人在這個地點插了個虛擬旗幟，留了個評價：「適合放鬆的好地方，無與倫比的泥巴浴。」

沒有專家幫忙，很難得到確切答案，但「泥巴」聽起來像是某種暗號，說不定是適合占領軍存放武器的好地方。起初他們不能決定該如何處置這東西，是該放回去，還是把它毀了。最後他們拿石塊把那東西砸爛，放回原來的地方，用泥土蓋起來。

「我們走吧！」安德烈對其他人說。

❋❋❋

俄羅斯入侵的頭一個星期，有多數的時間，鎮長和他的夥伴都做了最悲觀的預期和最壞的打算。整個國家普遍陷於一團混亂，在這樣的混亂中，要聯繫到任何有影響力的軍方人士是不可能的事。措手不及的烏軍忙著在許多戰況緊急的前線阻止俄軍的進攻，幾乎篤定是抽不了身來協助一個偏鄉小鎮。看來，地方政府要靠著小小一撮地方軍隊，以及七拼八湊良莠不齊的志願兵來保衛沃茲涅先斯克的可能性愈來愈高。

他們的防禦工事掛一漏萬，但耶夫赫尼格外擔心死水河，這個看似保衛著小鎮的天然屏障，事實上也有可能是個破口。在比死水橋更上游一些的地方，有些河段的水非常淺，敵人開著坦克車就可以渡河，只是俄國人目前還不知道這件事，但只要地方上有同情俄軍的人透露口風，情勢就會改變了。

要把河道變深是不可能的任務，但能不能把河岸加高呢？於是小鎮的領導團隊想出了一套新計畫——建造河堤。幾個鎮上的農人運來了幾十車泥土，一輛推土機來把泥土沿著河岸堆高，塑成土牆，他們蓋出的棕色泥土工事，看來幾乎像古羅馬的堡壘。這招能不能奏效，誰也沒把握，但做點具體實際的事感覺很好。

在俄羅斯第一二六旅抵達沃茲涅先斯克城郊前兩天，那個星期一午餐時分過後一點點，鎮長突然接到一通簡短的電話，通知他烏克蘭陸軍，確切來說是第八十空降突擊旅第二營，正在前往他的小鎮。軍事支援來了！才不過十分鐘之後，烏克蘭陸軍的一大隊卡車跨越南布格河上的主橋，駛進了小鎮，在靠近鎮公所大樓的路旁一陣震顫，停了下來。

耶夫赫尼感覺猶如卸下了肩頭重擔，迫不及待跳上駕駛座驅車去迎接他們。一個有著細窄雙眼、留著短鬚、短小精悍的士兵走到鎮長面前，兩人親切地握手，營長客氣有禮，但說話直截了當。

「你如果要這小鎮好好活下去，就聽我的。」他用輕柔但鄭重的語氣這麼說。耶夫赫尼堅強有力地點了點頭。

營長名叫歐列葛・阿波斯托，他帶來三百名左右的職業軍人，這些人過去一週來都在與進犯的俄軍作戰，才剛剛在赫爾松附近從敵軍陣線的後方逃離。

歐列葛的代號是「福爾摩沙」。第八十旅打從二〇一四年就在與俄軍作戰。

福爾摩沙是個寡言但人緣頗佳的軍人，以廣納建言著稱，升官升得很快，二〇一八年開始就領導一整個營。

他的代號是多年前取的，當時他還在利維夫（Lviv）當個積極努力的年輕軍校生，夢想能進入特種部隊。他挑選的名字來自一座島嶼，他不記得是日本外海還是中國外海的島嶼，他覺得這個名字的發音很好聽。

二〇二二年二月二十四日，福爾摩沙和旗下士兵正在尼可拉耶夫附近一座軍事訓練營。由於烏克蘭政府沒有預期會立即遭到入侵，他們並未駐紮在適切的防衛位置。入侵發生後，他們立即獲命，要在克里米亞與赫爾松之間的田野朝俄軍逼近。俄軍的第一二六旅當時正從克里米亞半島北上，如果福爾摩沙一行人的行動快個一、兩天，可能就會與伊果的部隊正面交鋒。不過福爾摩沙獲得的命令，是帶兵前往赫爾松上游不遠處的安東尼夫斯基大橋（Antonivsky Bridge）附近。

烏軍打定主意要守住這座橋，但進犯的軍隊有坦克車、有裝滿步兵且力量強大的裝甲車，還有空中支援，要守住大橋是不可能的事。幾個小時內，俄軍就揮軍越過安東尼夫斯基大橋了，第八十旅及其他部隊被迫撤退到赫爾松城內。當俄軍開始包圍赫爾松，烏克蘭指揮官很快便決定在別無選擇下只能撤離。事後有人憤怒地質問，赫爾松為何這樣快就遭到棄守，甚至有人指控他們叛國。但在當下，局勢很明顯，為了避免全軍覆沒，大軍必須趁夜從敵方陣線開溜，撤退到尼可拉耶夫附近的新防線。

如今，幾天之後，第八十旅到達了另一座橋，這回是在沃茲涅先斯克，他們奉命保護這座橋，要在這裡抵擋剛剛才在赫爾松附近輕鬆擊垮烏軍的同一支進犯部隊。即使俄軍一開始遭遇了挫折，伊果．魯登科的部隊被擊潰，伊果被俘，但俄軍第一二六旅的其他成員，已經從尼可拉耶夫兵分三路向前推進，福爾摩沙他們的前景並不樂觀。

「我們沒有坦克車，也沒有足夠的 NLAW 或標槍飛彈，來摧毀他們所有的裝甲車。」福爾摩沙這麼告訴耶夫赫尼。但他有數十具堅實的蘇聯時代榴彈砲，射程可達二十公里，其中還有好幾具自走砲，有像坦克車一樣的履帶。鎮長眉開眼笑，完全不嘗試去掩飾他的如釋重負。

「你要我們幫什麼忙？」他問。

「我們要床、食物、一些設備，像是汽車電瓶啦、柴油啦之類的。」福爾摩沙回答。

安德烈開始打電話為他們安排。首先，他家的空房子可以容納十個士兵，接著他很快又找到其他七個住宿地點，包括鎮公所隔壁舊文化之家的地下室，食、宿都安排好了。至於軍隊的指揮總部，福爾摩沙則挑中了另一個地下室，在議會街對面，一間典雅古樸的舊書店樓下，距離鎮長新的臨時地底辦公室不遠處。

福爾摩沙面露憂戚，不聲張地勾勒他的初步計畫。

首先，他們必須減緩俄軍逼近的速度，如果做得到的話，最好順便殲滅他們。鬼魂和地方自衛隊已經在兩條可能進入沃茲涅先斯克的路徑上設置了路障，福爾摩沙則派手下在城外十到十五公里的道路上埋設地雷。

其次，他們可能會和俄軍在小鎮內激戰。他們別無選擇，因為沃茲涅先斯克城郊外空間開闊，道路筆直，適合伏擊處少得可憐。烏軍或許能毀掉幾台俄國坦克車，但他們自己的裝甲設備無處掩蔽，可能會被殺得血流成河。

「我們需要誘敵深入沃茲涅先斯克。」福爾摩沙說。

鎮長舉起手。

「那這裡的居民該怎麼辦？房舍該怎麼辦？」他可以想像這裡被夷為廢墟的模樣。

但福爾摩沙打定了主意，絕不動搖。他走出地窖，穿過小鎮，走向死水河和河上的堅固老橋。就是這裡了，這裡是適合設置陷阱的地方，引誘俄國的坦克車從拉科夫村下坡，進入窄小的通道，越過河流，接著他們摧毀死水橋，攔截俄軍的去路，之後的事，就交由他手下的士兵及火箭筒來處理了。

這麼做當然有風險，但福爾摩沙看不出他還有什麼其他選項。

❋❋❋

地下室入口傳來一陣響亮的歡呼聲，聲音飄上了寧靜的街道。這時是星期二下午，鎮長忙碌嘈雜的新辦公室裡，工作人員已經成功把位於小鎮各處的十多具監視器連上線。監視器的數量還不足以遍布全鎮，但辦公室內的螢幕影像，讓他們對鎮上發生的事有了起碼的掌握。安裝在太陽光電廠的一台監視器，甚至可以拍攝到東側幹道的清楚影像。此時靠近尼可拉耶夫的幾個村莊，不斷有電話和簡訊傳來。

「我現在在新敖德薩（Nova Odesa），我們剛剛看見一列俄國車隊朝著你們的方向過去了。」

鎮長的團隊在四處都有眼線，老百姓不斷回傳有關俄羅斯第一二六旅行軍進度的消息。這支部隊當中有一部分已經分裂出去，向北進軍，拿下一座名叫安赫德（Enerhodar）的城市以及城市附近的核電廠（註1），但多數的俄國兵力，可能約有六百名士兵仍然朝著沃茲涅先斯克前來，福爾摩沙的三百人軍隊，勢將面臨對方的人數優勢，落入一打二的窘境。

引發鎮長辦公室一陣歡呼的消息，是福爾摩沙的砲兵剛剛摧毀了俄軍的一整支縱隊，大約十幾台坦克車及其他車輛宣告報廢了。

安德烈擁抱身邊的人，向空中揮拳。他是個熱情的足球迷，有一剎那他感覺像是贏得世界盃一樣振奮，既慷慨激昂又暈暈陶陶。但福爾摩沙在電話的另一頭提醒他們，還有至少四百名身經百戰且裝備齊全的士兵正朝他們前來。

（註1）即札波羅熱核電廠（Zaporizhzhia Nuclear Power Plant）。

10

這天是星期三，已經是中午過後了，但從沃茲涅先斯克灰濛濛的天空完全看不出時間。至少兩台俄羅斯車輛被當地士兵的 NLAW 飛彈擊中，殘骸仍騰騰冒著煙。

烏克蘭士兵徒步溜回鎮上時，還難以相信把入侵者殺個措手不及竟如此容易。對方好像以為自己可以如入無人之境般，暢行無阻地一路攻進沃茲涅先斯克，連事先派個步兵勘查一下小鎮周遭的小路都省了。

經此挫敗，俄軍很快地重新集結，放棄了葉拉涅齊那條路，轉而向南，經過太陽光電廠，行向靠近拉科夫與抽水站的另一條通往沃茲涅先斯克的幹道。

抽水站旁有三十名自衛隊隊員仍然在壕溝裡等待，其中包括從律師變成志願軍的瓦倫提恩。

幾分鐘過後，瓦倫提恩終於發現了俄羅斯部隊的蹤跡。他聽見爆炸聲，理解到俄軍走了另一條路，並且遭到烏軍的砲火攻擊。如今俄軍距離他不到四百公尺，他胸膛中的心跳如鼓。有一剎那他的心思飄移，想著若是沒有戰爭，他這週會如何度過，此時此刻會在做著什麼？可能會在釣魚吧！幾個月前，政府為進行刑事司法系統改組而引進一項新的測驗，他以些微差距沒能通過其中一項，他隨即辭掉了地方檢察官的工作。那工作頗為吃重，多數事務繁瑣乏味，週薪約相當於一百英鎊。俄國入侵時，他正考慮轉職，戰爭完全不在他的預想之中。

瓦倫提恩的指揮官是個二十九歲的程式設計師，名叫贊尼亞，他服過義務役，有一年的軍事經驗。他拿起無線電，盡可能準確地通報俄軍的位置。沒有人知道這樣有多少用處，也沒有人知道烏軍有沒有足夠多的砲彈來給俄軍製造損傷，這些地方志願軍仍然認為自己會成為炮灰，會被敵方職業軍人強大的火力秋風掃落葉一般地剷除。

就在他們下方，可以看見一座殼牌加油站的背面，加油站過去有座卡車修車廠，再過去，更下坡一些，是南布格河青灰色的滾滾洪流。抽水站占地相當廣，有好幾棟兩層樓建築和一座水塔，還有清晰的視野，可以把周遭仍然覆著霜雪、冬意未褪的鄉間景色盡收眼底。

俄軍在拉科夫旁的道路停頓了一陣。隊伍中有坦克車、裝甲運兵車、大砲、「冰雹」（註1）多管火箭砲發射器（Grad rocket launchers），陣容十分嚇人。

瓦倫提恩聽見一記尖銳的摩擦響聲，接著俄國部隊便開始朝小鎮移動，他才剛剛又出去撒了一泡尿，重新回到壕溝內，就看到俄國車輛上手漆的Z字，幾乎在轉瞬之間，車隊已經在他們下方的道路上，距離他們僅一百公尺遠。

剎那間，一記巨大的爆炸聲傳來，駛在隊伍前端的幾輛坦克車陷入火海，另一輛坦克車尖銳地吱嘎一聲驟然停止。不到幾秒之間，車隊剩餘的車輛已經在穀牌修車廠旁，拚了命要散開。部署在三公里之外的烏克蘭第八十旅榴彈砲找到了目標，對著穀牌修車廠附近的區域大肆轟炸。

在之後的一團混亂中，兩台俄國坦克車和兩台裝甲運兵車轉了彎，朝抽水站方向上坡行來，就在他們左轉的當兒，自衛隊的部分成員開火了。

「別開槍！」自衛隊排長贊尼亞喊。他知道對裝甲車發射子彈沒有意義，但隊員們持續開火，一陣又一陣持續徒勞無功的發射。接著有人投擲了手榴彈，緊接著又一枚。

坦克車輕鬆撞開薄弱的大門，進入抽水站廣場。不到幾秒鐘，俄羅斯士兵就七手八腳爬出裝甲運兵車，徒步快速包圍了抽水站房舍，要截斷任何逃生的可能性。

瓦倫提恩和贊尼亞各有四個彈匣的步槍子彈，一個彈匣有三十顆子彈，連續擊發的話，每個彈匣頂多撐三秒。

瓦倫提恩身旁一個年紀較長的人輕聲嘟囔，說他視力模糊，看不清楚。他不顧瓦倫提恩迫切的警告，吃力地爬出深深壕溝，幾乎一秒也沒耽擱地就胸口中彈，鮮血噴湧而出，染紅了他的休閒裝。瓦倫提恩試圖幫他止血，但戰鬥不能停，腎上腺素湧滿了全身，他這時感受到的不是恐懼，而是一種奇異的冷靜與堅定的意志。

又一個人鎖骨中彈，向後倒入壕溝，接著第三個自衛隊隊員中彈，這回正中頭部，一槍斃命。贊尼亞忙著給另一人綁止血帶，那人大聲哀號，贊尼亞低聲咒罵。情況很顯然毫無希望了，他們是在想什麼？一群業餘軍人、老人、孩子，不自量力上戰場。

「兄弟們，我們是一國的。」

俄方忽然有聲音越過兩軍的中間地帶，拋出這樣奇怪的話語，語氣聽來誠摯真切，幾乎有些憤怒。

「我們是一國的。」

這是溫情喊話，敵人想要動之以情，要告訴烏克蘭人，大家都是斯拉夫人，是同胞兄弟，雙方其實站在同一邊，這些俄羅斯人是來解放他們的，要幫助他們從法西斯主義分子的手中逃脫。

瓦倫提恩很想笑——這些人是真相信他們被告知的那些鬼話，那些說烏克蘭政府是納粹分子的謊言和宣傳。他看見穿著制服的俄軍如今手臂上戴著白色袖章，他們看起來像菁英部隊，說不定是傘兵，個頭高挑，訓練精良，配備齊全。瓦倫提恩把最後的一匣子彈推上膛，瞄準目標，又射了一輪。

自衛隊排長贊尼亞稍早在抽水站其中一棟建築物內，部署了好些個隊員，好建立另一條火線，但這會兒他們彈藥用光了。贊尼亞對瓦倫提恩喊，要他拿起無線電，向沃茲涅先斯克總部匯報現況。

「三死，兩傷。」瓦倫提恩報告。

「你們還能撐多久？」

「大概五分鐘吧！」瓦倫提恩回答。他知道事實上可能比五分鐘還短。

無線電另一頭停頓了一陣，最後傳來回覆——他們可以投降，但要想想基輔附近的前線以及布查（Bucha）之類的地方傳來的消息，據說那些地方投降的士兵都整批整批遭到處決。

「所以你們要明白，他們可能橫豎都會對你們開槍。」

但這時抽水站一帶的槍戰幾乎已經停了，烏軍這方的子彈和手榴彈已經全數用罄。瓦倫提恩把無線電摔在步槍上砸爛。

此時一個年紀較長的志願軍走過來，告訴瓦倫提恩他不能投降，因為他曾經在頓巴斯地區和俄軍作過戰，他們會從他的證件上看到這項紀錄，鐵定會殺了他。他和瓦倫提恩握手道別，然後拔腿狂奔，一路往下坡跑，跑向加油站。有輛坦克車猛然朝他歪斜，彷彿要去抓他，那景象幾乎有些滑稽，但那人隨即穿越馬路，消失蹤影，成功逃掉了。

其他的成員紛紛開始投降，一個個放下武器走出壕溝，雙手高舉過頭，緩緩朝敵人走去。瓦倫提恩陷入一種深沉的渴望中，渴望他的家人，渴望活下去。他很確定自己如果沒被殺掉，就會被送進俄羅斯的監獄，但接著他加入了同袍的行列。

接下來的幾分鐘是一段殘暴的混亂場面。

「媽的給我躺下！」

「媽的，死狗！」

俄軍對著他們叫囂，有些拿出了刀子，作勢要割斷他們的咽喉，還有些拿手槍指著他們。

「你們幹嘛回擊？」

這些士兵不只是微慍而已，他們是氣炸了，居然有人膽敢對抗他們，他們對此感到震驚。縱使戰爭已經進行了一個星期，俄軍仍然在等著遇見真正的烏克蘭人，遇見那種需要被解放、會心存感激、會往他們的坦克車扔玫瑰花的烏克蘭人。

「過來這裡，所有人都過來，馬上過來！」

俄軍把全體隊員都推進其中一棟建築物中，剝掉他們的外套、手機和其他裝備。

「你們兩個不要來，你們兩個跟我們走。」

贊尼亞和瓦倫提恩被帶到了另一個房間。

「你們其他的兵力在哪裡？」

訊問以幾下耳光和一記拳頭開場，但正規軍對沃茲涅先斯克有何計畫，這兩人所知甚少，他們不清楚第八十旅的大砲部署在哪裡，也不了解軍隊要採取何種策略來封鎖橋梁。福爾摩沙的整體戰略為何，他們一無所知。

瓦倫提恩開始緩慢且客氣有禮地說話，努力讓俄軍明白他有強烈的合作意願，但是沒有他們想得到的情報，他的律師素養這時派上了用場。

「你們要瞭解，我們只是志願兵，奉命要守好我們的陣地，如此而已。」

他操著流利的俄語，使出教科書中學到的最漂亮口音，他看得出俄國大兵逐漸對他失去了興趣，他們心煩意亂，焦躁不安，對於自己在沃茲涅先斯克城郊所遭遇到的抵抗仍然感到吃驚，並且似乎對未來的命運愈來愈感到憂慮。

（註1）Grad，又作 BM-21 火箭砲，一種蘇聯於冷戰時期設計生產的火箭砲。

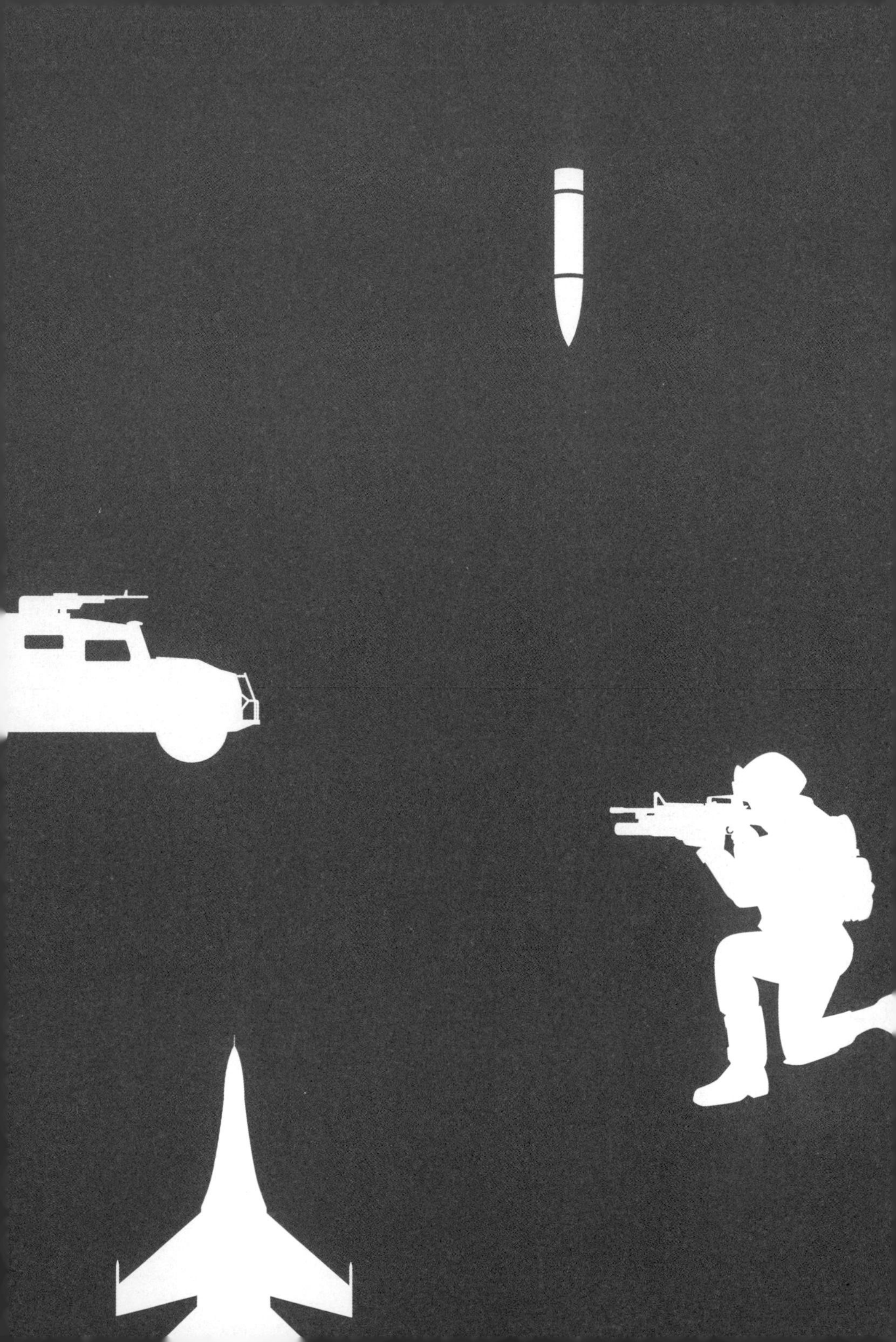

11

原本的計畫是上午七點，在這天的戰役開打之前，要在死水河往鎮上一條街距離的地方碰頭，但瑟熙睡過頭了。星期三早晨他起床更衣時，已經將近十一點，他的朋友已經在沃茲涅先斯克的鎮中心集合了。

明天是瑟熙二十二歲生日，六個舊日的同學在等他，大家都是二十歲上下的青年，對於即將發生的事毫無準備。過去這幾天，他們處於一種昏眩的狂熱之中，互相拍背打氣，誓言要不計一切代價保衛小鎮，還在瑟熙母親家門前的庭院中製作汽油彈。他母親的家在鎮公所背後約幾條街距離的地方。

空襲警報再度響起，聲音淒厲哀怨，是一記恐懼的嚎叫，慢吞吞飄盪過整座小鎮。他們聽見位在南方好一大段距離外的空軍基地傳來的爆炸聲。但俄軍的砲彈很快便襲向沃茲涅先斯克，擊中一棟住宅大樓，在堂皇美觀的市立游泳池牆上炸出大洞。俄國坦克車從外部向拉科夫開火，根本是無差別地濫射。

瑟熙和朋友們聚集在塔瑪奇西納街（Tamaschyshyna Street）五十三號生鏞的綠色大門外，這條街恰恰構成沃茲涅先斯克鎮中心的東南邊緣，路的一側是辦公大樓，另一側則有二十多棟農舍，農舍背後是死水河畔的青青草地與蘆葦。

「幹！」有輛坦克車的轉盤撞進了較下游處一棟公寓的頂樓，撞擊聲彷彿圍繞著他們嗡嗡作響，瑟熙和朋友臥倒在一座矮牆背後。戰爭突然真實了起來。

三名第八十旅的烏克蘭士兵短暫停下腳步，在一座磚牆背後尋找掩護，接著又繼續沿著道路走去。第八十旅有五個狙擊小組，每個小組配有一名狙擊手和一名觀測手，觀測手同時也能替迫擊砲和大砲瞄準目標，這會兒他們在塔瑪奇西納街尾端一棟三層樓建築的頂樓部署了一個小組。小組的兩名成員從屋頂可以一路望向橋的另一端，有四輛俄國坦克車剛剛映入眼簾，這四輛坦克車大約在四百公尺之外，沿著一條和緩的下坡道路朝河的方向前進。

這幾輛坦克車與在鎮郊遭到 NLAW 飛彈攻擊、而後又在殼牌加油站附近遭受到第二次攻擊的坦克車，屬於同一個巨型部隊。部隊其中一部分凌亂雜沓地撤退進了拉科夫，另一支小隊則筆直沿著通往沃茲涅先斯克的幹道繼續挺進。

瑟熙和朋友對附近屋頂上的狙擊小組一無所知，但他們聽見了裝甲車行駛的隆隆聲，聽得出坦克車的火砲距離他們愈來愈近。腎上腺素在他們的體內奔騰，幾個男孩一面手忙腳亂地爬進五十三號大門，一面咧開嘴對著彼此笑逐顏開，他們期望在五十三號的後院能找到一個視野好的地方，可以越過草原和河流，看見俄軍。

這時是下午的一點四十分。這座農舍的主人是個退休的消防員，他把妻子和肢障的兒子護送到小小的地下室躲藏，自己重新走上地面，短暫與瑟熙並肩站了一會兒，打算等會兒要進到室內替妻子找條毛毯和枕頭。一隻黑色小貓遲疑了一霎，而後一溜煙衝出大門。

瑟熙還沒決定這輩子要做什麼。他不久前從大學經濟系畢業，之後就打著各種零工——建築、修車或諸如此類的。閒暇時，他愛好拳擊和養鴿。他個頭高，人緣好，下巴堅挺，五官勻稱，眉毛濃密。他是安娜的么兒，安娜仍然嬌寵著他，寵到一個令人難為情的地步。

半小時前，瑟熙和同伴們在橋附近遇見鎮長，有好些個志工在那兒分發汽油彈和手榴彈，民眾爭搶彈藥，場面有些混亂。幾個同伴各自都領了顆手榴彈，默默地想像自己會在什麼樣的情況下對著一輛路過的坦克車投擲彈藥。

打死瑟熙的砲彈飛行速度幾乎是音速的四倍，也就是說，那砲彈只花了三分之一秒，就越過死水河、擊穿一座薄薄的花園圍牆、撞碎在五十三號灰色的側邊水泥牆上。爆炸聲震耳欲聾，一蓬白色煙霧硬是衝到了馬路的對側。

T-72 坦克車裡的士兵，原本有意瞄準的方向可能應該稍稍往左、往上偏一些，屬意的目標可能是屋頂上的狙擊手，但是把守橋梁的烏軍用形形色色的武器開火，嚇得他慌了手腳。不過也可能他原本就沒有特意要瞄準什麼目標。

這場爆炸發生在下午一點四十三分，安裝在對街大樓側邊的一台黑白監視錄影機捕捉到了當時的畫面。砲彈首先擊中農舍主人，不偏不倚削去他的腦袋，後來大夥兒找了許多天，他的頭顱始終不知去向，站在他正後方的瑟熙則當場粉身碎骨。

12

一條河取這樣的一個名稱可真是怪異——死水。

這條河來到沃茲涅先斯克時，減緩了速度，流經小鎮東側的邊緣，從整齊的行政中心與博爾加卡村（Bolgarka Village）半山腰的農舍之間穿過，這一段河道的寬度是五十公尺，但水流並不急，大段河道被蘆葦堵塞，水面覆蓋閃著光澤的海藻。人們忍不住要想像，這名字指的是浩大壯闊的南布格河這條細小孱弱的支流，像一攤略帶鹹味停滯不動的水。

但事實上，死水河大部分的河段都生氣蓬勃，一路彎彎拐拐跳躍奔騰著穿越陡峭的峽谷，向南行去。這河的名稱來源有至少兩個互相衝突的故事，可能還有許多其他的說法。

大約三百年前，哥薩克（註1）騎兵在死水河河岸建立了冬季營地。黑海北岸肥沃的平原原本由奧圖曼土耳其帝國所掌控，這個區域靠近較上游的一個淺灘，具有重要的戰略價值。哥薩克人逐漸形成了一股龐大的政治軍事勢力，對奧圖曼土耳其帝國在此地的掌控形成威脅。根據其中一種說法，哥薩克人和奧圖曼土耳其人曾在死水河附近發生衝突，哥薩克人大肆屠殺敵人，將屍體扔進河裡，造成河水堵塞，這河因此獲得了奇特的命名。

有個較早的版本情節略有不同，但結局類似。有個居住在河附近的部落，想要報復一批從克里米亞半島進犯的韃靼人，於是用草藥或莓果製作了毒藥，倒入韃靼人營地上游的河中。

若是再回溯好幾個世紀，又還有其他的版本。有些版本述說斯基泰人（註2）

將死去的領袖從船上扔進河裡，作為安葬儀式。又一說是古希臘歷史學家希羅多德（Herodotus）曾提到，這個區域有條河有個古伊朗名，直接翻譯過來就是「死水」的意思。

沃茲涅先斯克得名較晚。直到一七九五年，正當俄羅斯帝國朝海岸擴張領土之際，凱薩琳大帝（註3）下詔將一個小的聚落升格為城鎮。古老的版畫顯示，一八三七年，衣冠楚楚的俄羅斯騎兵排列成精準的陣式，在沃茲涅先斯克外進行操演。一個世紀之後，經歷了俄國內戰多次的易主後，地方上的農場屈服於蘇聯的集體化政策，也承受了隨之而來的饑荒。

一九四一年，納粹占領了沃茲涅先斯克，但根據某些版本的故事，蘇聯的守軍事先炸掉了死水橋，納粹後來又重建了這座橋，據說地基的材料是採用當地墓園中猶太人的墓碑。一九四三年，蓋世太保在當地一座乳製品工廠的牆後，處決了六十多名游擊隊員。

到今天，距離大橋重建完工而後又遭撤退的納粹遺棄，已經過了八十年，那座橋仍在使用中。

（註1）Cossack，哥薩克人，一群居住在第聶伯河、頓河下游（今烏克蘭東部）一帶的多族裔族群，信仰東正教，對烏、俄兩國的歷史發展影響深遠。

（註2）Scythian，又做斯基提亞人、塞西亞人等，活躍於東歐大草原（Pontic Steppes，又作龐廷大草原）及高加索山區的一支古代遊牧民族。

（註3）Catherine the Great，又作葉卡捷琳娜大帝，俄羅斯女皇，生卒年代為一七二九～一七九六，在位期間為一七六二～一七九六，其統治時期為俄羅斯帝國的黃金年代。

13

距離橋兩條街之外，在寬闊而綠樹夾道的基洛夫街（Kirov Street）和十月革命街街角，子彈從頭頂呼嘯而過，砸進牆壁，粉碎了一間小型超市的門面，藍色的玻璃破裂鬆脫，砸碎在人行道上。一群士兵蹲在一座沙皇時代風格的舊農舍牆後，一蓬一蓬的塵埃飄過十字路口，朝士兵飄去。左側某處有輛汽車的防盜警鈴嗚嗚咽咽響個不停。

「狙擊手！」

前方的博爾加卡村裡有兩、三個俄國狙擊手，讓烏軍難以行動。為什麼沒有人能把他們處理掉？感覺他們好像已經這樣僵持了數個小時之久。

「往牆靠近一點。」

「可是我得要看看外頭發生了什麼鳥事呀！」

為了蓋過劈劈啪啪乒乒乓乓的槍砲聲，說話聲是用喊出來的，但語氣平靜。帶著穢語，但平靜。就是士兵間的閒聊。

「幹，我超想尿的。我知道現在是在打仗，可是尿還是得尿啊！」

這裡的烏軍是一群五花八門的組合。有第八十旅的職業軍人，有地方上的警察和邊防軍，還有一小撮諸如亞歷山大・莫斯卡利烏克這樣的志願軍。亞歷山大是個矮胖活潑的男子，在附近經營一家店鋪，他帶著步槍上戰場，卻忙著用手機拍攝自己對於周遭戰事的反應。

「我會投擲汽油彈。」

「汽油彈半點鳥用也沒有。」有人低聲咕噥。

東側的一條街之外，十月革命街的路面緩緩升高，以便連接死水橋。死水橋是座古老的鋼桁架橋，橋面是普通的柏油路面，兩側有灰色的金屬圍欄，底部則是密密麻麻鐵鏽色的格狀鋼梁。這是一座平凡無奇的堅固橋梁，堅固到你驅車過橋卻完全不會察覺自己懸空於河水之上，唯有當你看見兩岸的青草與蘆葦之間粼粼的波光反射出的一抹天光時，才會驚覺這是一座橋。

橋的另一端，三輛俄國坦克車及一輛裝甲運兵車從拉科夫村駛來，才剛剛進入視野中。這些坦克車是造型亮麗、渾身是刺的外來種生物，身上披掛著許多綠色盒子組成馬賽克模式的爆裂性外皮，當綠色盒子遭受撞擊時都能向外爆破，摧毀投擲而來的物體。

這幾輛坦克車的履帶深深插入柏油路面，長長的砲管充滿威脅性地左左右右不斷旋轉。裝甲運兵車的車身外，覆蓋了骯髒的沙包當作多加一層防護，置身於光鮮亮麗的坦克車之間，裝甲運兵車顯得殘破陳舊。但無論裝甲運兵車或是坦克車，都是力量強大的武器，配備了最新科技的戰備裝置，包括熱像系統。

「他們怎麼這樣落跑？媽的是跑到哪裡去了？」一個烏克蘭士兵隔著馬路向對街一個在電腦店牆後尋找掩護的同僚喊。他指的是鎮上的警察，警察沒有告知任何人，就忽然撤離了。

「幹！他們人很多呢！會不會他們接到命令，要從側面包抄？等我們聽到槍聲大概就會知道了。」

「我們這邊需要一個機槍手。你到馬路這邊來。」另有個聲音喊。

有一陣低沉的爆炸聲傳來，他們認為是一輛坦克車的轉盤撞上附近某棟建築物，但從他們的角度看不見。大夥兒不動如山，眉頭也沒有皺一下。其實他們剛剛所聽見的聲音，是砲彈擊中塔瑪奇西納街五十三號牆壁的聲響，那砲彈炸死了兩個人，一個是退休的消防員，另一個是二十一歲的瑟熙·阿哈皮托夫。

❋❋❋

「做好戰鬥準備，聽候命令！」

「誰也不許動！」

第八十旅一個背抵著牆蹲踞的烏克蘭士兵猛然站起，以芭蕾舞般優雅的姿勢悄悄溜出去，溜上十月革命街寬廣的人行道上，動作流暢地把一管一公尺長的火箭推進榴彈（RPGs）發射器扛上肩頭，猶如水手準備迎接大浪般微微傾身向前，動作輕微得幾乎難以察覺。

「發射！」那士兵一面嚷，一面扣下板機，在火箭榴彈爆炸之前，他已經後退到附近的一座牆邊尋找掩護，眼光則依然緊盯著他在橋對面的目標。

「厲害呀！小美人兒！」

亞歷山大．莫斯卡利烏克在農產品店鋪後方看著這一幕，眼光越過角落向外張望，笑容在他臉上擴散，他站起來，猶如足球迷看見球員進球一般，身穿黑色帽T的他尖聲叫嚷起來。

「打中了！太棒了！」

又一輛向此處靠近的坦克車轉盤爆炸，這一輛比上一輛近得多。稍後他們將得知，這輛坦克車打死了一名當地的志願軍，一個低階軍官。鬼魂和他的偵察小組原本站在他身旁的角落裡，距離大橋較近，但在砲彈落地前約一分鐘移開了位置。

「是一輛朝我們開火的坦克車，沒什麼大不了的。」亞歷山大再度蹲下來，對著手機攝影機說話，笑容幾乎和剛才一樣燦爛。

「我們沒死！看看那邊！我們沒死！」

隨著俄國坦克車開始朝橋的方向逼近，烏軍開始有一股不確定感籠罩頭頂。他們是有計畫的，福爾摩沙擬定的計畫。但情勢發展得太快，第八十旅星期一來到，繼而又有各式各樣的武裝團體加入，彼此之間的聯繫有用無線電、用WhatsApp、Viber、Signal等等各式各樣的通訊軟體，在紊亂紛雜的訊息中，一個基本上的戰術歧異浮上檯面——他們該在什麼時候炸掉死水橋呢？

❋❋❋

第八十旅打算誘敵深入沃茲涅先斯克，愈深愈好。他們的計畫是假裝撤退，然後展開各種伏擊。一旦有十輛或更多俄國坦克車過了橋，進入城鎮中心，躲在後街小巷的守軍便能從住宅窗戶或地下室入口發射肩射飛彈，一一加以攔截，連車輛都不需用上。

一支來自基輔的陸軍工兵排在星期一抵達小鎮，與福爾摩沙及鎮長短暫會談過後，便默默著手在大橋上安置炸藥。所謂大橋還不只是死水橋而已，在拉赫夫（Rahove）附近高高越過南布格河的鐵路橋，越過鎮上一條幹道的另一段鐵路，以及南側跨越南布格河的一座公路橋，他們也都安裝了炸藥。

前一天，守軍決定直接炸掉兩座鐵路橋，再等下去沒什麼意義。但是大家對於死水橋仍沒有共識。一開始保衛沃茲涅先斯克的軍事計畫，鎮長的團隊還有參與，但如今第八十旅大體上已經全權掌控。耶夫赫尼擔心鎮上還有太多居民，而且守軍占據了很多公寓住宅，可能會引誘俄國坦克車將公寓住宅視為攻擊目標，因此他持續力爭別讓戰爭打進小鎮中。倒也不是說有誰希望戰爭打到河對岸的博爾加卡，那裡也住了相當多百姓，但鎮長堅持，在俄軍還沒來得及過橋之前就把死水橋炸掉會是比較好的做法。

福爾摩沙和第八十旅則是堅持，起碼要讓俄羅斯部隊的前半截成功過河，才能把他們甕中捉鱉，一舉殲滅，這樣總比冒險讓這一大堆裝甲車撤退，而去另找其他方法渡河要好。

但萬一炸藥出了問題呢？萬一他們沒抓準時機，不但讓俄軍奪下死水橋，還把小鎮也占領了，怎麼辦？上週在赫爾松附近的初期攻防中，一個年輕的烏克蘭士兵，為了摧毀另一座橋梁而引爆自己身上的炸彈，卻沒來得及阻止俄軍通過，幾秒鐘後，俄軍大舉越過了橋梁。這回他們絕不要再這樣錯過時機。

❋❋❋

一記驚天巨響傳遍整座小鎮，爆炸聲遠比坦克車或砲彈發射的響聲更深沉，持續時間也更久，是那種讓人肋骨、眼睛、腦殼都會感受到震撼的爆炸。

「老天爺！是我們的飛機嗎？」距離大橋一條街遠，一個烏克蘭士兵仰頭張望，好奇是不是有架戰鬥機朝進犯的俄軍部隊投擲了炸彈。

但店鋪老闆亞歷山大・莫斯卡利烏克猜對了。

「他們在炸橋！幹得好呀！沒錯，他們把橋炸掉了！」

沃茲涅先斯克上方，一股粗壯巨大的灰白煙霧高高衝上雲霄，徐徐的微風輕輕引著它飄向南布格河。雲霧散去時，爆炸的效果立即清晰可見，橋的中段斷裂向下倒插，像一個巨大的灰色舌頭，柏油路面如今筆直垂掛，起著皺褶，中間有數道深深的裂痕。格狀鋼架有一大塊歪到一旁，落入河中，另有一塊較靠近小鎮且體積較小的結構仍在原處，但搖搖欲墜。爆炸成功達成了目的。

「幹！」第八十旅有個士兵這麼說。

「橋完全毀了嗎？」地方自衛隊的一個隊員問。

「我不知道，是你們的人炸的。」

「他們炸得太快了，可惡，應該要讓俄軍進城的。」

有一霎一切停頓。有一分鐘的時間，什麼槍聲也沒有，大夥兒都還在消化方才發生的事。接著有喊聲傳了出來，第八十旅的士兵互相傳遞了消息。

「老闆很怒，超級無敵機掰怒。」

士兵們互相聳肩、微笑，有人口吐有關凡士林與強暴的穢語，有人討論著他們——或不知什麼人——在這事了結之後可能會遭受什麼懲罰。但生米已經煮成熟飯，死水橋已經垮了，在部分人士眼中垮得太早，雖然俄羅斯部隊的進程受阻，但也讓他們躲過了一個可能的陷阱。

❋❋❋

事情是這樣的。

俄國部隊駛近死水橋時，小鎮的守衛隊有些人太快開火，以致太快啟動了伏擊行動。俄羅斯部隊開火還擊，打死了戍守在附近一棟建築物六樓的一個福爾摩沙手下的士兵。在迫擊砲、火砲和戰車砲等一陣轟炸中，一條長而粗的纜線鬆脫了。纜線從道路側邊盤捲而下，延伸進草皮路緣。這條纜線原本連著一個引信，這個引信又連著更多纜線，這些纜線接上大約兩百公斤重的黃色炸藥（TNT），炸藥則小心翼翼綑綁在橋中央的大樑上。

爆破大隊的成員躲在纜線另一端附近的一棟建築物裡，他們打電話向福爾摩沙回報狀況。

「不會爆炸了。」一位軍官說明了纜線掉落引發的結果。

這時，一個地方自衛隊的成員自作主張，不聲不響地匍匐爬到纜線鬆脫處，重新接上纜線，他擔憂這會是他們唯一的機會，於是徒手引爆了炸彈。爆炸的威力以及隨之而來的震波，本來有可能把他震死，或許應該說，他應該是會被震死的，但是他命大，雖然受了嚴重的腦震盪，但成功踉踉蹌蹌躲開了。

如今橋已經垮了。

「他們不能再過來這邊了。」第八十旅的一個人說。

「那我們他媽的還站在這裡幹嘛？」

「對，我們應該去包夾他們。走吧，我們動身吧！」

斷橋的背後，博爾加卡的山脊上，還有一、兩個俄國狙擊手，何況接下來也還有一場硬仗要打。橋斷了，但俄軍若是發現上游的河水有多淺，就能從鎮長臨時搭建的土堤間清出一條通道，開著坦克車涉水而過，若是小鎮被他們拿下，他們便可以搭建一座新的浮橋。但福爾摩沙對這點已經有所準備，早就派遣了部分人馬到河岸的草地守著。

士兵們的眼光繞過街角，接著拔腿快步穿越十月革命街。

14

「別開槍！」

這話是以一種驚慌的尖銳嗓音越過博爾加卡區一條街道喊出的。當時是同一天下午的四點，幾十公尺之外，躲藏在一座牆背後的烏軍不知該如何解讀這話。這些俄羅斯士兵是在投降呢，還是只是搞不清楚狀況？

「別開槍！」對方又喊了一次。

幾秒之前，有輛俄國裝甲車被一枚飛彈擊中，三名士兵跳出裝甲車，隨即遭到烏軍開火攻擊，這批烏軍就是稍早在電視塔附近用 NLAW 飛彈攻擊俄國車隊的那支八人小組。

有一名俄軍受了重傷，另有個士兵——可能是個年輕且心懷恐懼的義務役士兵——哀求烏軍別開火，好讓他把受傷同袍拖到安全地帶。但第三個俄國士兵則直接開火。

烏軍於是開火還擊，他們不想把這戰役當成某種揖讓而升的君子之爭。君子之爭個鬼！

在博爾加卡的這幾個小時，一整個怪異。橋斷了，這裡成了戰鬥的重心。俄軍為了重新集結並展開挺進鎮中心的下一波攻勢，現在正盡力要拿下博爾加卡村。有些俄羅斯士兵顯然非常有戰鬥頭腦，早早就在一間教堂的高處站好了狙擊位置，但也有些士兵既不瞭解該如何打仗，也毫無打仗意願，還有一些士兵對打家劫舍比較感興趣，會偷襲別人的冰箱，看到什麼拿什麼。

鬼魂的原始計畫是堆疊水泥和瓦礫碎石，堵塞部分道路，僅剩窄小的通道，逼使俄軍不得不走向死水橋，福爾摩沙也贊同這項作法。起初這招還算奏效，但現下俄國坦克車為了繞過障礙物，直接撞穿農舍的牆壁。

博爾加卡是個古老的社區，屋宇都是單層樓農舍，有小小的果園、高聳的圍牆，和燒木柴的爐子，一世紀來始終如一。雖然部分居民已經遠走他鄉，但留下來的人——多數是老人——似乎都陷入一種深沉固執的情緒。

「媽的手給我舉高！」一個俄國士兵咆哮。

這個士兵和另兩個士兵頭戴綠色的戰鬥頭盔，全副武裝，闖進一間農舍的大門，一對身穿同款藍色毛衣的夫妻挑釁地迎了上來。他倆跨越前院，朝士兵走來，兩人看來都毫無舉起雙手的意願。

「這是我家耶，我幹嘛要舉手？」男的那個沒好氣地說。

一個俄國士兵用自動射擊機關槍朝空中連發了許多槍。這家人養的狗嗅到氣氛不妙，快步逃到安全地帶，但那對夫妻雙手垂在兩側，不肯退讓，甚至當士兵們持續咆哮時，他們還朝士兵逼近了幾步。這景象十分怪異。俄國士兵的良知開始與自己在此地的行動交戰。上級信誓旦旦地告訴他們，這個國家會視他們為救星，會歡迎他們。但過去一週以來的戰鬥，使他們意識到這套說法漏洞百出。他們難以接受自己真實的角色是「入侵者」，難以接受這個詞彙隱含了多少的暴力與鄙夷。

「滾開！去死吧！」女的嚷著。士兵們彷彿是在假裝本來就打算退出去似地，慢吞吞地後退。不到一分鐘就退出了農舍大門，走上門外泥濘的街道。

15

鏡頭回到拉科夫村的半山腰，俄國士兵剛剛放走了絲薇拉娜、佩帝亞和米夏。三人拖著腳步慢吞吞走出大門，經過士兵身旁，經過仍然綁在角落但已不再吠叫的朱立克。鄰居大門的門板被俄國士兵踢得掉了下來。他們向左轉，一同穿過淡灰色與淡黃色的大地，沿著高低不平的小徑行走，小徑經過墓園，向下坡延伸。

不遠處有一台「冰雹」多管火箭砲正對著小鎮發動攻擊，每一枚飛彈飛過頭頂時，都發出一種具韻律感的咻咻聲。絲薇拉娜兩腿發疼，背也發疼。佩帝亞慢吞吞地跟在她身後，搔抓著長滿鬍碴的臉龐。而一輛裝甲車剛從他們身旁呼嘯而過。

絲薇拉娜想著錢，萬一農舍被毀了，接下來會怎樣？農舍的上一任主人在偉大的衛國戰爭（註1）之前就住在那兒了，搬走之前，他們曾告訴她當年納粹如何挑選了拉科夫作為基地，將附近一棟靠近峽谷的房子設為總部，又用他們家農舍的地下室貯存軍火。感覺歷史好像又重演了。

佩帝亞還沒領到老人年金，絲薇拉娜則感覺永遠搞不定請領年金的繁瑣手續，因而放棄了領取老人年金的希望。他們一年前賣掉了最後幾頭牛當中的一頭，只為了支付敖德薩一個迷宮似的公署裡某個官員施加給他們的罰金。

他們在經過了一座方正結實、幾乎無窗的農舍圍牆之後右轉，那是澤古洛夫的家。炎熱的夏日午後，他們的鄰居米凱爾．澤古洛夫會光著曬成古銅色的膀子，糾結凌亂的灰髮一路垂到肩膀，全身重量壓在好的那隻腳上，在下方的田地裡，如瘋狂芭蕾舞者般揮舞長柄鐮刀。但多數時候，這對夫婦完全銷聲匿跡。他的妻子不再出門，過去她會到鎮上賣牛奶，現在也不去了，村裡的人竊竊私語，說她是個酒鬼，說她家男人曾經從軍，在阿富汗打過仗。這些年來，他們家和花園外的簡陋圍牆，是用幾只塑膠桶、一塊木棧板、一些廢金屬和一個個石塊堆砌起來的，很難相信有人能走進或走出這座圍牆。

這下可好了，絲薇拉娜想，一群無依無靠的、領不到年金的老人，又老又窮又被世界遺忘，現在又碰上了這種事。

狙擊手的子彈射擊聲在農舍的牆上迴響。是我們的狙擊手還是對方的狙擊手呢？寬闊的南布格河有部分結了冰，河對岸的遠方有直升機嗡嗡飛行，響聲穩定增強。稍近之處，在幹道附近，加油站旁一簇明亮的橘黃色火光告訴他們，有東西著火了。

絲薇拉娜和她的兩個男人快步往山下走去，一顆俄國砲彈打穿了村裡診所的屋頂，有另兩家人在距離郵局不遠的一個深深地窖中躲藏，絲薇拉娜一家三口加入了他們的行列。忙亂之中，誰也沒來得及帶上水或食物。如今地窖裡躲了大約十二個人，一個個蹲在箱子上或覆滿塵土的地上，黑暗快速籠罩，大夥兒開始感覺寒冷，鮮少說話，默默等著看黎明能帶來什麼。

（註1）Great Patriotic war，二戰期間蘇聯對抗納粹德國的戰爭。

16

夜很快就來了。抽水站裡的自衛隊隊員全都成了戰俘，擠成一團坐在一個房間裡，共用幾張毛毯，時間一鐘點一鐘點過去，鮮少有人開口說話。山丘上靠近小鎮的地方，在博爾加卡村，有戰鬥正在進行中。俄軍已經掌控了大半個村，但目前他們被困住了，不敢在黑暗中開火，以免被福爾摩沙愈來愈精準的迫擊砲和榴彈砲部隊鎖定目標。現下他們需要燃料，一個俄羅斯軍官走進房間，做了最不可思議的宣告。

「我們需要一百公升的柴油，所以你們當中要有兩個人自告奮勇，當志願者。」那位軍官這麼說。

如果這也可以算作條件的話，條件是這樣的——如果有兩名囚犯自願開一輛俄軍的卡車，去尋找柴油並載回抽水站來，他們就會釋放整排俘虜，但如果這兩個志願者沒有回來，將會在院子裡處決其他所有人——這條件沒得商量。在這黑暗的房間內，經歷了長長的一陣靜默，之後，有兩隻手舉了起來。從律師變成志願軍的瓦倫提恩不知道他們倆的名字，但他知道，若這兩個人大膽前往博爾加卡，有很大的可能會被自己人殺掉。

兩個志願者被帶出了房間。

❋❋❋

一個半小時過後，外頭傳來齒輪的摩擦聲，一輛卡車穿過破損的大門進來。

志願者沒有時間解釋他們是上哪兒去找到了柴油，說不定是從哪個修車廠抽來的，或是從朋友那兒拿的，也或者是從哪裡偷來的。但俄軍信守承諾，命令戰俘們站起來，押著他們走出房子。戰俘們重獲自由，轉瞬之間就飛奔而去，消失在黑暗中。

但是有兩個人沒有獲釋，一個是指揮官贊尼亞，另一個是瓦倫提恩，俄軍認定他是副指揮官。

17

在暗無天日又陌生的地窖中，絲薇拉娜用拇指摩搓手上的硬繭。從這顆硬繭的觸感，她回憶起過去，握著刀子的手，往下切割的施力，因為使力而擠壓在塑膠靴子裡的腳趾，一切就好像翻閱相簿一般。

開始在蘇聯一間國營農場的肉品加工廠上班的那年，她還不到十六歲。他們家一年前才剛剛搬到那兒去，當時是一九七六年，絲薇拉娜在工廠學校的職業訓練結業後就直接上工。她的母親在乳品加工廠上班，父親駕駛拖拉機，絲薇拉娜是六個孩子中的老大，其他五個弟妹仍在就學。

絲薇拉娜的職稱是「第四類屠夫，去骨工」。每天她都要切割兩噸肉，頭顱、下巴、里脊、肋排、牛肩。她感受金屬從肉塊中切下去的那種向下拽的堅實力量。一整排年輕女孩在白色圍裙之下穿著鎖子甲，時時刻刻在磨刀，不斷割傷也不斷結繭，手變得比皮革還粗。每天在冰冷潮濕的房間裡站八小時，怪不得現在她的腿會痛。但她喜歡那份工作，喜歡同事間的情誼，喜歡那種人生已經規劃好了的確定感。蘇聯時代的生活，永遠不會失業，永遠不需要比左邊或右邊的女作業員更賣力。商店裡販賣的食物不多，選擇的貧乏對這整套大系統及其中的儀式、英雄與沉悶規矩來說，是一種默默的嘲諷。他們每年有一個真正的假期，在這假期她會將家裡菜園裡的番茄、黃瓜和草莓，拿來醃製並且裝罐。她在工廠工作了十五年，要再繼續十五年也不是什麼難事。

絲薇拉娜的床底下有個塑膠袋，裡頭裝滿了老相簿。她有一張最愛的相片，是在工廠外的冰天雪地中拍的，雪色耀眼，她和三個友伴瞇著眼笑逐顏開，連身工作服外罩著有羊皮袖口的羊毛薄大衣。拍照當天是三月八日國際婦女節，那天他們各喝了一杯加了檸檬汁的伏特加。

此時此刻的昏暗中，兒子米夏在她身旁呼呼大睡。這個米夏，成天闖禍惹麻煩。昨天正當俄羅斯就要入侵之際，米夏還到沃茲涅先斯克去報名加入戰鬥，他四十多歲了，有前科，不知道他們會不會接受他的報名，但負責受理的人說：「有何不可呢？自衛隊會接受你的。等他們跑一下流程，你就可以上戰場了。」這可是件值得慶祝的事，於是米夏和朋友們又弄了瓶酒來喝，因此他這會兒才會在這裡，宿醉未醒、蓬頭垢面、衣衫在垃圾場沾得髒汙，而依然還沒有加入自衛隊。

18

「燈關掉！把那個該死的燈關掉！」

在星期三夜晚十點多一點點，一輛孤單單的車從西北郊駛向沃茲涅先斯克鎮中心。駕車的是副鎮長安德烈，身旁副駕駛座上坐著的是個保全，耶夫赫尼和鎮議長斯巴塔克坐在後座。他們仍然保持每晚換地點過夜的規矩，前幾個小時才剛剛在一座經營困難的養豬場庭院中狹窄的警衛亭中度過，他們擠在火邊取暖，輪流躺在一張小床墊上歇息。

過去這幾天來，安德烈成為軍方的單人供應商，他從當地商人那兒取得多餘的零件，張羅食物的補給，甚至還曾經在十五分鐘內，替一批想要渡過死水河去博爾加卡攻擊裝甲運兵車的第八十旅士兵弄到一艘船。

如今他們正開車進城去和福爾摩沙碰面，看看福爾摩沙還需要他們幫什麼忙，以及打聽下一波戰鬥大約會在何處開打。

他們是先看到俄國直升機的蹤影，然後才聽見它的轟隆聲。直升機從樹頂掠過，距離他們不超過幾百公尺遠，驀然之間，直升機投下一串光彩燦爛的熱焰彈，用意是在混淆熱導彈的追蹤目標。這是一架漂亮的攻擊直升機，名叫「鱷魚」（Alligator），它有雙層的大型螺旋槳，兩隻粗壯的機翼下方有刷子般一根一根突出的砲管及飛彈。

「可惡！可惡！」駕駛座上的安德烈手忙腳亂關掉了燈，因為慌了手腳，沒聽從「開下道路找棵大樹躲藏起來」的命令，而是猛踩煞車，戛然停在一座加油站前空地旁的馬路上。如今他們只能等待，大氣也不敢透一口，往上盯著直升機，心裡想著，若是看見砲口伸出來，不知道還來不來得及跳車逃命。然而答案是什麼他們心知肚明。那直升機的強力大砲每秒能射出一百發子彈，發發都足以射穿裝甲。那些子彈足以把汽車和汽車內裝載的所有物品碎屍萬段。

「當然啦，」斯塔巴克事後回憶：「我們都挫屎了。我們是凡人啊，也有害怕的權力。」

或許直升機的駕駛沒看到他們，或許他在尋找更好的目標，總之幾秒鐘過後，直升機飛越了他們頭頂，朝北飛去，又往回越過沃茲涅先斯克黑暗的剪影。

19

現在已經是午夜過後好些時候了，僅存的兩個未被釋放的自衛隊隊員贊尼亞和瓦倫提恩，躺在一輛俄羅斯裝甲車的車頂發抖，裝甲車正穿越凜冽刺骨的迷霧，沿著幹道朝拉科夫駛去。瓦倫提恩無法釋懷，仍對排裡的同袍感到憤怒，因為他們獲釋的時候，竟然丟下三個陣亡同袍的遺體就跑了。這些同袍事後解釋，是因為擔心俄軍在遺體底下放置炸彈。但瓦倫提恩覺得那不太可能，他們只是太急著想走了。

裝甲車一陣震顫停了下來，接著猛然轉向，跨越道路去協助一輛陷入壕溝的裝甲車脫困。他倆的手被用膠帶綁在胸前，只能努力攀住車頂以免滑落。之後有人把一具裝在黑色塑膠屍袋中的俄軍遺體扔上車頂，放在他倆身旁，又有個受傷的士兵也爬上了車。兩輛裝甲運兵車駛下幹道，開上通往拉科夫的小徑。

瓦倫提恩看得出他們是被帶到類似總部的地方。接近山丘頂端的農舍外，停放了好幾輛坦克車、迫擊砲還有大砲的零件，他們所到的地方正是絲薇拉娜的家。兩個戰俘被拖下裝甲車，有人用膠帶綁住他倆的腳之後，讓他倆躺在泥濘的草地上，一個俄國大兵彎下腰來，在瓦倫提恩耳邊低語。

「我要割掉你的蛋蛋。」

俄軍把他倆拉起來，拖到農舍的牆邊，有條狗在他們身後吠叫。

「準備囉！」另有個俄軍這麼說。

這一刻，在黎明前夕昏暗的微光中，兩人都相信自己大限已到。這會兒他們站著，背抵著牆，至少有三名士兵拿槍指著他們。瓦倫提恩認真地回想自己在沃茲涅先斯克度過的一生，回想他的母親，有一個短暫的剎那，他憤恨地後悔自己在抽水站戰役中沒殺死更多的俄軍。

「住手！」

俄軍指揮官從庭院裡走出來。他是個中校，站在兩個戰俘面前，抓住瓦倫提恩的下巴。

「頭抬起來，看著我的眼睛。」中校說。

贊尼亞在發抖。事情會如何發展，他完全看不出來。中校後退一步，打量他倆的衣著，打量他們身上的牛仔褲。

「這兩個不是軍人，不是烏克蘭的正規軍。」接著他補上了那句自衛隊隊員在過去幾小時間聽了無數次的平和卻又熱情洋溢的話。

「我們都是斯拉夫人。」

聽了這句話，幾個大兵抓住他倆，把他們拖進大門。庭院裡擠滿了受傷的士兵，還有更多傷兵不斷湧入，軍醫們忙著檢視該先救治誰，救治的順序為何。遠方仍有砲彈聲傳來，很顯然，俄方的戰事不是太順利。兩個戰俘盡可能別引起注意，但仍有人朝著他們辱罵：「納粹分子」、「戀童癖」。

「如果我們繼續待在這兒，會被他們生吞活剝，不如讓我們到穀倉裡去坐吧！」瓦倫提恩對指揮官說，指揮官點點頭。

他倆被帶著穿過庭院，走到農舍背後的一間小屋，他們在路上看見一個百姓，是個身穿淡卡其色開襟毛衣的當地年長婦女，瓦倫提恩短暫與她四目相接。現在押著他們走路的是個少校，他看來比其他官兵都和善一些，後來他說明了原因，原來他也是烏克蘭人，來自波爾塔瓦（Poltava），任職於俄國軍隊。三人面面相覷，少校聳了聳肩。

這時一道木門被人用力拖開，贊尼亞和瓦倫提恩被推進屋內。

❋❋❋

小屋裡暗無天日，但瓦倫提恩的眼睛適應了黑暗之後，看出屋裡較深處，在成堆的木柴與農具之間，有兩張蒼白的臉孔。起初大家都不說話，接著有人小心翼翼地說了聲「你好」，四個人便開始輕聲交談起來。坐在木柴堆旁的兩個人是俄國士兵，隸屬於第一二六旅，因為違反紀律而遭到逮捕，被關押在這裡，這是對軍人的極度羞辱。

其中一個俄軍說，他是十九歲的義務役士兵，來自羅斯托夫（Rostov），就在靠近烏克蘭邊境的地方。

「他們說我們是要去演習，結果就把我們送上戰場了。」他忿忿不平地說。

他的排長挑選他來駕駛裝甲車進入沃茲涅先斯克，負責打先鋒，就走在第一支俄羅斯部隊的最前方。

「車隊的第一輛車總是第一個被攻擊。第一輛車和最後一輛車最倒楣，大家都知道。」

所以這個義務役士兵慌了。當車隊靠近沃茲涅先斯克鎮郊，就在遭到攻擊之前，他故意把裝甲車開下道路，試圖把車撞毀。其他的裝甲車陸續超越他時，他繼續破壞他開的這輛裝甲運兵車，他把車開進溝渠裡，又去自撞民宅。如今他被關在這裡，等著受罰。

沒幾分鐘後，門開了，又有兩個人被推進來。

❋❋❋

絲薇拉娜的兒子米夏決定從鎮立垃圾場衝回家時，他的朋友斯拉維克和羅馬留在原地，先是躲在羅馬有時用來禦寒的小拖車裡，在兩輛俄國裝甲運兵車撞破垃圾場大門後，兩人又匍匐爬過一塊田野，安身在一個核桃栽種園附近的灌木叢中。

星期三的一整個下午，他們便躲藏在灌木叢中，聆聽爆炸聲，想著沃茲涅先斯克是否已經失守。夜色降臨，在接近午夜時分，他們決定動身去覓食。

「手舉起來！」羅馬和斯拉維克才走了不出三十秒，就有槍聲在他們身旁大作。他們立即臥倒在地上，想要匍匐前進，子彈打在他們腦袋旁的地上，他們才不敢再動。來了兩個俄國士兵站在他們前方，用槍托戳他們。

「我們是小人物，是在垃圾掩埋場工作的遊民，我們口渴了。」羅馬含糊不清地胡言亂語。

在手電筒的照射下，俄軍把他們剝得幾乎是光溜溜，檢查他們的肩膀，看看有沒有發射步槍的瘀青，有的話就證明他們是軍人。他們叫羅馬閉嘴，接著蒙上兩人的雙眼，押著他們穿過樹林，把他們胡亂綑紮一番，綁在一輛裝甲運兵車的後側。

「可惡！幹！」車子在崎嶇的地面顛簸彈跳時，斯拉維克用氣音咒罵。兩人交疊在彼此身上，蒙著眼，裝甲車尖銳的金屬邊緣戳刺著他們。

過了約莫十分鐘左右，車子停了下來。他們吃力費勁地從裝甲車上爬下來時，羅馬感覺到他藏在襪子裡的手機滑了出來。

「他有手機，壞了。」士兵說。

「你幹嘛把手機砸壞？」有另一個人這麼問。羅馬和其他人這會兒跪在地上，眼睛仍然蒙著，羅馬感覺得到有把刀架在他的頸子上。

「不是我砸的，是你們砸爛的。」羅馬說。他聞得到站在他身後的士兵身上的氣味——汗臭味、柴油味、菸味。

「你他媽的胡說。我們把這些人的頭砍了吧！」

「這些人是平民，放他們一條生路吧！把他們跟其他那些人關在一起。」

接著有人抓住他們的臂膀，拖著他們一個一個穿過泥地，扔進絲薇拉娜農舍愈來愈擁擠的附屬小屋中。

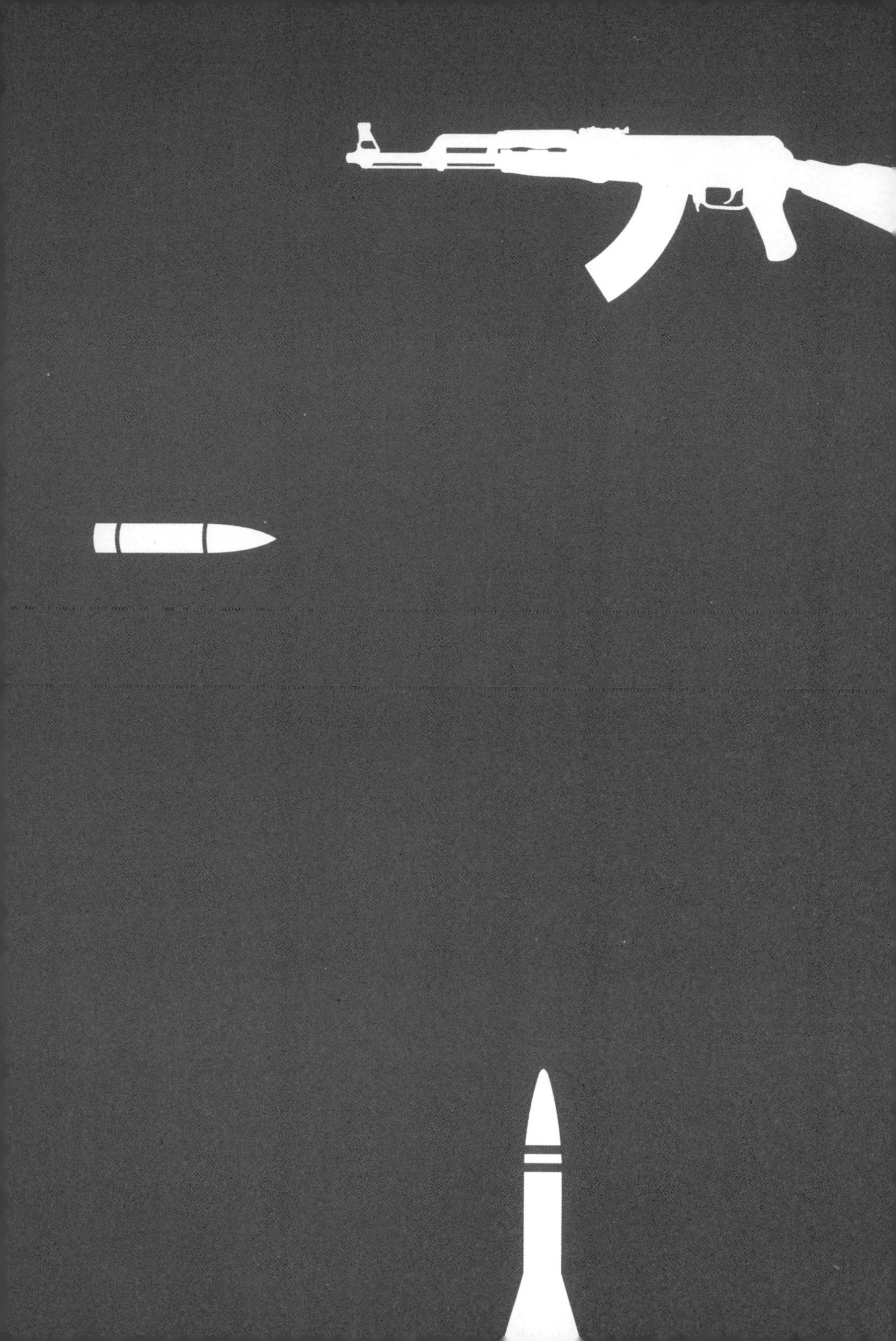

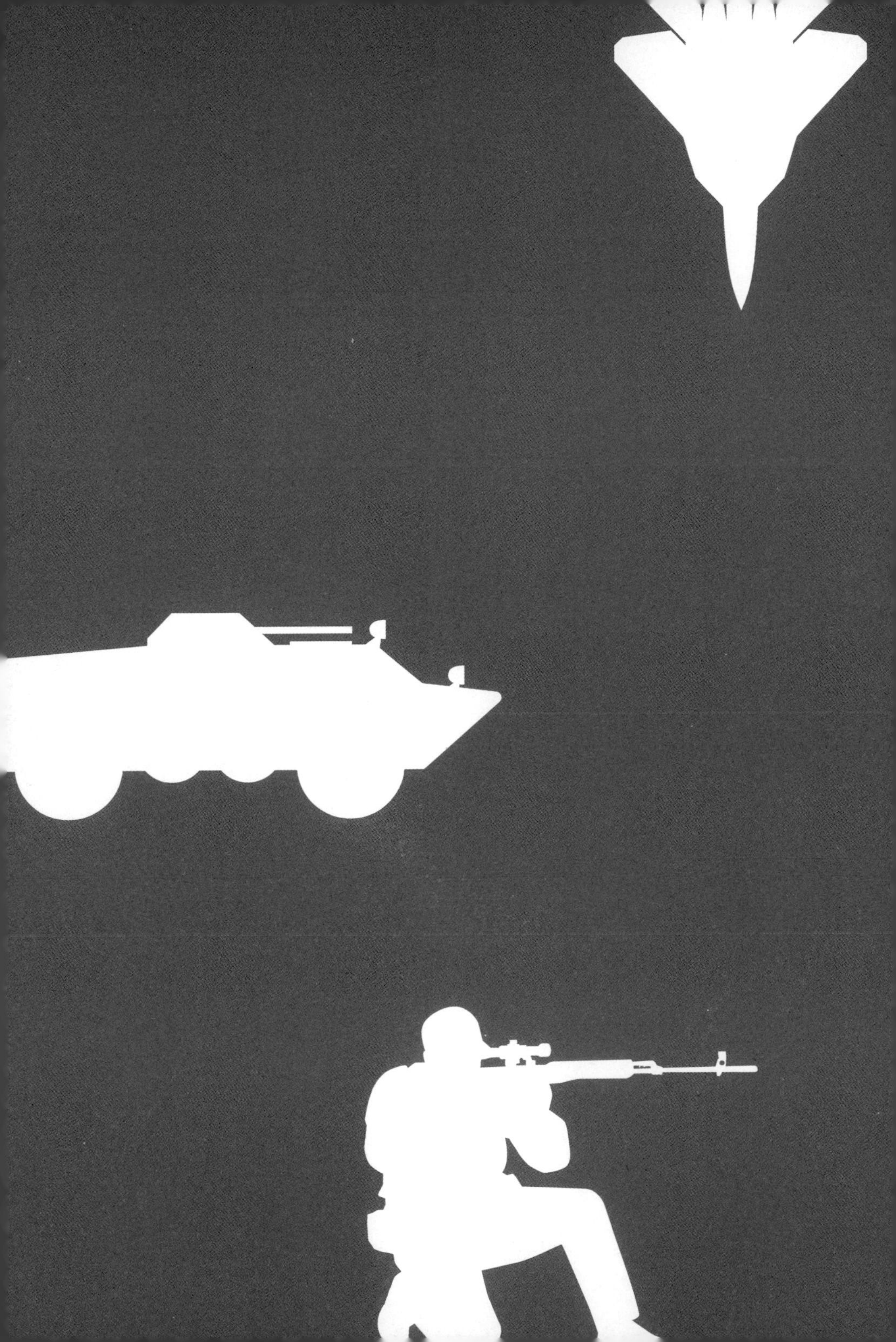

20

星期四早晨來到，起初安靜且灰濛濛。絲薇拉娜費力攀爬地窖階梯時，關節痛了起來。

「噢！」她嘆息。

她、佩帝亞及米夏開始往上坡走去。通往她家的這條路，開頭幾碼都是柏油碎石路面，後面一公里左右則變成塵土小徑。這時肯定是早晨七點左右，他們全都又冷又餓，希望能找到一點什麼吃的，以及一些禦寒衣物。這值得冒險一試。

背後的河流上方有霧氣繚繞，幹道上滿是俄軍。有個狙擊手從牆上挖了磚塊下來，從洞裡伸出他的步槍，他們也砍掉了一些樹，好讓視野更清晰。

「我有預感他們今天會在這條路上把我們殺掉。」絲薇拉娜說。但他們仍然繼續行走，歸心似箭，幾乎是不假思索，縱使明知回家會再次與俄軍相逢，也義無反顧。

經過墓園下方時，他們看見一具大型迫擊砲，和六台各種不同樣式的裝甲運兵車，農舍外的田野中有幾條淺淺的壕溝，屋子裡則傳出發電機的嗡嗡聲。

來到農舍前，米夏猛然被兩名士兵拽住。

「混帳，跪下來！」其中一個士兵拿槍指著他的頭，對著他吼。

「你們昨天見過我們啊！你檢查過我們的身分。證件拿給他們看！」絲薇拉娜說。於是那兩名士兵聳聳肩走開了，離開的速度就和突襲米夏的速度一樣快。

「我的弟兄們餓了，你們家冰箱是空的。」有個俄羅斯軍官說。那人是個高個子，挺了個啤酒肚，代號叫「骷髏頭」。

絲薇拉娜又一次感覺自己像是走進了電影布景中，四周一片髒汙，大門外有個人坐在椅子上，身上的衣物幾乎全都剪掉了，腳上和胸部纏著繃帶，藤蔓上還掛著一個點滴。另有個士兵癱在水井旁的一個水桶上，還有個士兵撐著拐杖在庭院裡走來走去。她直覺地想把環境整理乾淨，想收起那些繃帶，拿拖把拖去門口階梯上的血跡和泥巴。

屋子裡遍地鮮血，廚房的油地氈上有厚重的暗色血漬，地板上到處是血鞋印，屋裡躺了比外頭更多的俄國士兵，地板上、絲薇拉娜的床上、米夏的房裡，到處都是。她從門口看到一個白色枕頭上染著血，一塊深藍色的床墊也染著血，有個傷兵躺在走廊上一個凹陷的長沙發上。但她收集的玩具熊仍然排排坐在窗台上，等著她的孫兒們前去探望。他們的家一夕之間變身成了野戰醫院。軍醫忙著處理一些傷口——從傷口深而形狀不規則的外型看來，多數是彈片傷（註1）。地上很難找到什麼空隙可以踏下去而不踩到人。前門的門板被卸了下來，用來給一個頭上綁著繃帶的蒼白年輕士兵當擔架。

前一晚，他們聽見的狙擊槍聲是來自北側山脊上的一座水塔，如今俄國的狙擊手正從附近開火還擊。在他們走回來的路上，絲薇拉娜從越過峽谷的筆直視野中，看見她深居簡出的鄰居米凱爾・澤古洛夫破敗不堪的農莊裡有士兵，她想著他們是否在幫助敵人，說不定還提供食物給他們。那對夫妻若是資敵，她也不會太詫異。

她成功從自己家裡拿了一件大衣和幾條毛毯，他們的貓咪桑雅蜿蜿蜒蜒繞過一大堆紗布和傷兵，朝她信步走來，絲薇拉娜抱起桑雅，走向花園，向另兩人招手要他們跟上來。佩帝亞什麼話也沒說，這些日子來他的話愈來愈少。

不過話說回來，她的丈夫從來就是個寡言的人。他長她三歲，出生在烏克蘭西北部，性情固執，但沉默。從蘇聯從軍回來之後的一天下午，他看見絲薇拉娜和妹妹在打排球。這妹妹在肉品工廠的「編織」部門工作，負責用線捆綁香腸。佩帝亞厚著臉皮走上前向這位妹妹說：「有一天我要娶妳的朋友。」他後來實現了這話。當年他相貌堂堂，健壯精瘦，耐性十足，下巴強悍陽剛，有個奇怪的姓——馬辛柯夫斯基，有人說這是波蘭名字，但他堅稱他所有的祖先都是烏克蘭人。

他們在絲薇拉娜十八歲那年結婚，先在當地的戶政機關舉辦簡單的典禮，而後用切片香腸、伏特加和舞蹈宴客。當時是布里茲涅夫（註2）時期的尾聲，生活過得還算不壞，步調緩慢，雖然綁手綁腳，乏善可陳，但是還過得去。七個月後，第一個孩子米夏出生，他們很快就分配到工廠附近的一間房舍。他們養豬和雞來貼補家用，有時不聲不響地從工廠挾帶肉品回家，那年頭人人都這麼做——共產系統默默地在自我毀滅。布里茲涅夫過世時，全國哀悼了一整個星期，絲薇拉娜原本預定在當地一間迪斯可舞廳舉辦的生日派對，也不得不取消。她很喜歡跳舞的。

「老古板。」她這樣稱呼布里茲涅夫和繼任的那個灰髮傢伙（註3），當時事情的運作雖然有些卡卡，但起碼還都過得去。

後來戈巴契夫（Gorbachev）上台，開始雷厲風行大刀闊斧地改革，甚至一度試圖禁酒。車諾比核電廠爆炸時，佩帝亞的一個表親住在車諾比附近，亟需骨髓移植，但太慢就醫，也沒有找到捐贈者。當時其他的一切狀況都一發不可收拾。一九九一年，「老古板」們在莫斯科發動政變，之後烏克蘭以壓倒性的票數通過獨立。葉爾欽（Yeltsin）在俄羅斯採取了相同的步驟，幾個星期內，戈巴契夫倒台，蘇聯解體。

當時佩帝亞在工廠裡有個工作，工廠民營化後，佩帝亞用股份憑證買了輛車，又以極高的利息借貸了更多錢，接著捲入一起在莫斯科賣肉的詐騙案，被騙走了全部財產，還把車撞毀了。

「誤把油門當煞車踩，真是個他媽的蠢蛋！」絲薇拉娜從來不吝於提醒他這件事，還用手指彈了彈頸子，暗示他當時喝了酒。

佩帝亞當時身旁的乘客半個身子飛出擋風玻璃，佩帝亞則在方向盤上撞斷好幾根肋骨。車子報廢了，車上人員命大逃過一劫。在暈頭轉向的幾個月間，後蘇聯的資本主義強盜一樣把他們吃乾抹淨，吞了他們的存款，又把他們吐在拉科夫的山腰上，住進他們在地方報上找到的一間便宜農舍。

現今他們一家三口走下山丘，要返回先前的地窖，他們看見農舍背後那間從前當作工坊用的磚造小屋外有個士兵在看守。

「戰俘嗎？」絲薇拉娜問。

「有好幾個呢！」俄國大兵回答。

「王八蛋！」絲薇拉娜低聲咒罵。

（註1）爆炸性武器爆炸時碎片所造成的傷口，形狀多為不規則形。

（註2）Brezhnev，一九六四到一九八二年間的蘇聯最高領導人。

（註3）繼任者為安德洛波夫（Yuri Vladimirovich Andropov）。

21

小屋裡現下有六個人了。

站在門外看守的士兵不斷打開門往屋裡偷窺，大踏步走進來踢一踢贊尼亞和瓦倫提恩，把他倆踢醒。有時他會打亮手電筒，映照他們的臉，就這麼持續騷擾他們數個小時。

「你幹嘛這樣搞他們？給我們一點水吧！」羅馬說。

「坐起來！」

「我們本來就坐著。」

又進來了一個士兵，他開始盯著羅馬的長筒襪瞧。羅馬穿了兩雙襪子。

「你的襪子好像挺不錯的。」那人說。他生著亞洲人的面孔，可能來自東西伯利亞。

「你窮到買不起自己的襪子？」

「差不多是這樣。上面那層我就拿了。」那士兵一面說，一面把襪子從羅馬腳上剝下來。

那個主要的看守兵後來終於放鬆了些，開始對贊尼亞說話。

「我們一顆子彈也沒發就拿下了敖德薩，現在要前往基輔了。基輔離這兒有多遠啊？兩百公里？五十公里？」

幾個戰俘默默地互相望了望，鄙夷地搖了搖頭。這些俄國大兵絕大部分根本搞不清楚狀況，既不知道自己到了哪裡，也不知道自己來這裡做什麼。

「都不對。」贊尼亞回答：「你們還要走九百公里才會到。」

「幹！我們才剛剛到這裡，就已經被搞得七葷八素了，天曉得到了基輔還會碰到什麼鳥事。到不到得了都還不知道！」

22

鬼魂躺在殼牌加油站不遠處的一個溝渠中，用望遠鏡向外窺伺，他可以看見也可以聽見，第八十旅的大砲現在比較抓到要領了，能對準拉科夫村以及更南一些、河對面寬闊草坪上的俄軍位置發射。俄國的傘兵被困住了，拚了命地呼叫基地，拜託基地派直升機回來把他們載走。看起來，這些傘兵原本應該是要等克里米亞的第一二六旅拿下這座小鎮，再來協助穩固對小鎮的控制。因此打從他們降落在南布格河的另一側之後，就完全沒有移動位置，沃茲涅先斯克附近的其他地方，也不再有任何傘兵降落。

鬼魂聽得見他和他的偵察小組背後，偶爾會有烏克蘭狙擊手的子彈從頭頂呼嘯而過。他和手下輪流小憩，頭枕著結霜的地面，一人睡二十分鐘，每個人幾乎都是一秒進入夢鄉。

俄國想必會派增援部隊過來。鬼魂覺得這是合理的推測，其他所有人也都這麼覺得。但此時已經是第二天傍晚了，俄軍顯然還在苦苦掙扎。其中一支部隊想要往北挪動，試圖從另一個鎮郊攻擊沃茲涅先斯克，但福爾摩沙的砲兵很快就讓他們打消了念頭。如今俄軍開始撤出博爾加卡，幹道上四散著被他們遺棄的數十輛裝甲車，補給品像受傷動物肚破腸流的內臟般滾滾垂掛。

沒有哨音，沒有鳴笛，沒有什麼明確的跡象顯示局勢已經翻轉，但星期四接近傍晚時，沃茲涅先斯克又飄起一陣小雨，一股信心似乎在小鎮的守軍之間蔓延開來。這和前一天他們炸毀死水橋不一樣，當時他們是戰術上獲得勝利，但仍然相信俄國絕對還會發動另一波攻勢，會拿下小鎮，會派工兵前來蓋一座新橋，然後向西挺進。今天，他們不大確定這真的會發生了。

這會兒卻聽見了俄羅斯直升機逐漸逼近的響聲。

那直升機從南方的尼可拉耶夫低低飛來，掠過拉科夫上方山丘頂端的墓園，接著速度慢了下來，巨大的螺旋槳葉重重擊打著冰冷空氣，最後在幾棟被俄羅斯裝甲車包圍的破敗農莊旁一處田野降落。鬼魂附近一名烏克蘭人打電話向總部報告座標。

他們有沒有看見擔架？有沒有看見俄國士兵兩兩一組，吃力地搬運傷患——有些傷患裹著絲薇拉娜的毛毯——到空地上去撤離呢？他們知道自己即將瞄準的目標是什麼嗎？

「他們是禽獸，我們就用對待禽獸的方法對付他們。」一個烏克蘭士兵這麼說。與俄軍交戰八年的經歷使他冷血，他記得同樣的事情發生過無數次，只不過主客易位，當他們要將自己的傷兵帶離戰場時，對方可不給他們這樣的機會。

「現在我們被惹毛了。」他輕輕聳了聳肩，補上這一句。

第一枚砲彈不偏不倚落在它該落的地方。

23

星期四這整天，這六個人——斯拉維克、羅馬、贊尼亞、瓦倫提恩，和兩名被控扯自家部隊後腿的俄軍——都躺在拉科夫村小屋的地上。這些人不怎麼說話，沒有食物，沒有水，沒有辦法得知時間。兩個自衛隊隊員清楚地意識到，自己可能是這幾個人當中最有生命危險的兩個，他們告知其他人自己的全名，告知他們萬一自己遭遇不測時要聯絡誰，以及要說什麼——要告訴家人發生了什麼事，告訴他們他倆是為了拯救全鎮而殉難的，他們死而無憾。

「你沒結婚嗎，小子？」斯拉維克問贊尼亞。

「我不急。」他回答。幾分鐘過去了。

「去他的俄西斯分子！」斯拉維克說。他格外喜愛使用將「俄羅斯」和「法西斯分子」兩個詞合成的流行語，樂此不疲。

砲擊的砰砰聲依然沒有停歇，有的砲擊聲近一些，有的在遠方。

黃昏又來了，小屋外的聲音愈來愈吵，彷彿有什麼大事正在進行中。他們透過門縫向外偷窺，可以朦朧看見像擔架的輪廓被抬來抬去，人影來來去去。突然之間，他們聽見雷鳴一般的直升機螺旋槳聲。一台飛行的坦克車——一架能容納十多人的巨大 Mi-24 武裝直升機從東南方低空飛來，螺旋槳轉動聲震耳欲聾，它想必就降落在附近。門外的俄軍忙著將傷兵一一抬進直升機，就這麼過了許多分鐘，又一陣抖抖顫顫的轟隆聲，直升機開始加足馬力，準備起飛。

忽然一記巨大的爆炸聲響，緊接著許多記較小的聲響。小屋裡的人看見外頭有閃光，先是白色，繼而是黃色。烏軍直接命中目標。

一分鐘後，一個俄國士兵紅著眼、扭曲著臉，猛力推開小屋的門，尖聲叫嚷著。

「我們的傷兵！他們把他們打下來！他們媽的把那架直升機打下來了！」

他把他的 AK-47 步槍對著戰俘們搖晃，想要報復。小屋裡塞滿舊的引擎零件、瓶瓶罐罐，掃把、木頭、箱子、工具一片凌亂，戰俘們無處可逃。接著那人又伸手去拔他的刀，贊尼亞又一次覺得自己大限已至，他看得出那士兵不能決定要用哪種方法大開殺戒才能獲得較大的滿足感。

「不要攔我！我要殺了他們！」

那士兵極力掙脫一個緊緊抓住他的同袍。

「你太亢奮了，出去！」另外那個士兵把頭一個士兵拖出小屋，幾秒鐘後，門砰一聲關上了。

24

在拉科夫的道路底端，絲薇拉娜、佩帝亞和米夏在友人家潮濕的地窖又度過了一夜，這地窖比前一夜更擁擠了。絲薇拉娜回家時成功找到了幾顆關節炎和高血壓的藥，現下他們也有水可以喝了，大夥兒分著喝，也有禦寒衣物可以穿。當然啦，還有貓咪桑雅，牠對於外頭偶爾冒出的爆炸聲似乎完全不以為意，誰願意抱牠，牠便躺在誰的腿上咕嚕咕嚕叫。佩帝亞則坐在絲薇拉娜身邊默不作聲。

他倆的小兒子也住在拉科夫，在較靠近河邊的一座農舍，庭院裡養了牛和豬。他二十八歲，已婚，有兩個孩子——五歲的女兒和九歲的兒子。他持有貨車駕照，但他似乎比較想待在離家近的地方，靠著捉小龍蝦到沃茲涅先斯克的市場上販賣，以此來勉強度日。俄羅斯士兵前一天也到了他家中，拿槍指著他的孩子，給他們十五分鐘離開，他們一家子便逃到了更東邊的另一座村莊。

絲薇拉娜這陣子以來很少見到他，她懷疑他以自己的父母為恥。是不是因為他們家農舍裡，四處散放著撿拾而來準備要賣到鎮上去的零碎金屬，而朱立克又老是在大門口嚎叫，讓他覺得家裡變得太髒、太危險呢？還是他們窮得太明顯了嗎？孫兒們幾乎再也不來看他們，不再蹦跳著爬上山丘去餵雞，也不再在廚房裡幫忙做魚子醬了。

呃，魚子醬是絲薇拉娜對這種醬的稱呼啦，其實是櫛瓜醬。她把櫛瓜放在爐子上慢燉兩小時，加入美乃滋、大蒜、番茄醬、檸檬汁、雞高湯，再繼續燉上一個小時，比店裡賣的好吃多了。她喜歡的另一種醬料是阿吉卡（Adjika），是一種喬治亞醬料。番茄收成多的時候，這是一種很棒的保存方法——把番茄切碎，或整顆也可以，加入大蒜、山葵和辣椒，放在罐子裡存放到冬天。

絲薇拉娜記得，昨天早晨那些俄羅斯士兵圍著她的大兒子米夏，威脅要射殺他。米夏跪在大門邊，用顫抖的手從大衣裡掏出一袋子證件，塞給俄國士兵。

「你們看，我是俄國人，跟你們一樣，生在俄國。這是我的護照。」米夏說。

絲薇拉娜一方面鬆了一口氣，她原本料定俄國士兵肯定會開槍，她兒子的這番反應可能救了他自己一命。但是這也讓她深深感到不自在，他們被迫要選邊站，選擇錯誤的那一邊，選擇那個在蘇聯大傘下曾經不重要的國籍，但在拉科夫生活三十年之後，那個國籍對她而言愈來愈陌生，愈來愈令她反感。

星期三，當士兵拿槍頂著她的腹部，她下定決心絕不提起自己的過去，絕不清楚交代自己的歷史，絕不屈服。

事實是，絲薇拉娜・馬辛柯夫斯卡，未出嫁前姓柯洛托珂娃，是俄國人。

她出生在莫斯科東南方坦波夫地區（Tambov）一個名叫波迪翁（Podyom）的小小村莊裡的一座國營農場中，她父母都是俄羅斯人。十四歲那年，舉家遷移到一家肉品加工廠，工廠就在知名的汽車製造大城陶里亞蒂（Tolyatti）城外，比他們原本居住的地方更往東去，在伏爾加河（註1）畔，至今她仍有一個弟弟和一個妹妹住在那兒。她是很久之後，在嫁給了佩帝亞、蘇聯解體之後，他們才搬到烏克蘭去，那是一九九二年的事了。那時烏克蘭整個國家的每一個區域都才剛剛在公投中，投票支持脫離蘇聯而獨立，就連多數居民講俄語的克里米亞與頓巴斯地區也都支持獨立。

絲薇拉娜還記得佩帝亞的姊妹們告訴他們，在烏克蘭生活會比在俄羅斯好得多，「這裡有麵包和西瓜。」她們在電話裡這樣保證，而佩帝亞也樂於搬家。

但是移民的手續繁雜，還有人從中上下其手，過程是場惡夢，簡直比登天還難。他們在基輔註冊，花了好大一筆錢把俄羅斯證件翻譯成烏克蘭文，接著一次又一次前往敖德薩去見領事局的一個恐怖女人。

「她是個賤貨。」佩帝亞說。

當時他們還拿舊的蘇聯護照，他們必須先換成俄羅斯護照，才能申請烏克蘭護照。但手續費是天價，打通關節用的紅包費用也是天價，時間上則拖延到天長地久。最後，他們賣掉了所有的牛，才讓一家四口拿到新文件。正式來說，他們仍然是俄國人，即使佩帝亞的蘇聯護照上明明確確寫著他是烏克蘭人，但他在名義上仍然是俄國人。他們接著應該要去換掉俄國護照，但年復一年耽擱著，罰金累積了太多。澤倫斯基當上總統後，絲薇拉娜記得他曾經承諾，每一個住在烏克蘭的人民都能拿到烏克蘭護照，但他們前去詢問時，領事局那個女人提醒他們，他們還積欠大筆罰金未繳，並且要他們到俄羅斯去住三個月，再從俄羅斯申請烏克蘭護照。

「我們早就一貧如洗了，怎麼可能辦得到那些事？」絲薇拉娜對那女人說。

那時戰爭已經在東部開打了，要千里跋涉根本不可能。他們只不過想要領到俄羅斯年金，或是得到烏克蘭政府某些補助而已，結果這對夫妻兩頭落空，所以他們只好天天去鎮立垃圾場撿拾廢金屬。只有小兒子安德里在尼可拉耶夫拿到了烏克蘭護照，雖然同樣是花了大把鈔票，但他申請相對比較容易，因為他是在烏克蘭出生的。

（註1）Volga River，又譯窩瓦河。

25

俄國直升機的墜毀加速了敵軍從沃茲涅先斯克撤退，戰事的高低起落逐漸模糊成了更嚴重、更瘋狂的一團混亂，事情的先後順序也糊成一片。戰事在星期三橫掃小鎮，星期三的每一分鐘人人都還歷歷在目，但星期四傍晚過後，記憶就被疲憊啃囓得坑坑疤疤。戰役的不同區域和目標起初界定得清清楚楚，但碎裂成千百個微小的個人經歷後，一個小時與另一個小時已經難以分辨。

隨著這樣的碎裂，小鎮上部分守軍身上出現了野性。戰士們發現他們不再是與一支不屈不撓的敵軍作戰，而是在追逐走投無路的窮寇，疲憊且憤怒的官兵嘗到了勝利的滋味，這滋味令人陶醉，且使腎上腺素高漲，他們如同追捕獵物一般地追捕敗逃的俄軍。

約略就是俄羅斯直升機在田野中爆炸的同時，有十多個烏克蘭士兵正徒步沿著小鎮的對外幹道，往拉科夫村外的殼牌修車廠前進。這些人是經驗老到的專業士兵，是一支編隊嚴謹的快速反應小組，通常以反破壞活動為主要任務。這支部隊星期四深夜才到達此地，要來協防這座小鎮。來到之後，他們便向北一路過關斬將，穿過博爾加卡，剿滅其中的敵軍，與第八十旅的傘兵並肩作戰，使用火箭推進榴彈以及一枚 NLAW 飛彈，摧毀了數架敵軍的裝甲運兵車和一台多管火箭砲。這支部隊沒有喪失一兵一卒。

在作戰的路上，他們捉到了三名藏在地窖裡的俄羅斯士兵。這些俄國人高舉顫抖的雙手步出地窖，被烏軍推倒在地搜身。他們稍後還會再訊問這三人，但在吼叫咆哮與拳打腳踢之間，其中一人吐露，當天下午俄軍原本的計畫是對沃茲涅先斯克進行第二次攻擊。

「我們不得不放棄計畫。」那名士兵說。烏克蘭的砲火攻擊成效太佳，殘存的俄軍已經全數遭到圍困，正在想方設法試圖撤退。

幾分鐘後，這群烏軍找到一台遭遺棄但看起來完好無損的俄國坦克車，他們走向這架坦克車時，其中一個士兵說：「這挺不錯的。」稍後，他們將把這輛坦克車開到加油站去加滿油，然後駛進小鎮當作戰利品，成為許多戰利品當中的一個。不過此時此刻，他們的任務是剷除更多的敵人，守住更多的領土。

他們在加油站附近的路旁看到俄軍的屍體，數了數共有六具，有的纏著繃帶，其中一人看來像是曾被坦克車輾過，另外一個人呈大字型俯臥，左手臂以奇怪的扭曲姿勢彎在頭上，像是試圖要保護他的頭。

「這些混帳把什麼都丟下，什麼都留給我們了。」一個頭戴黑色蒙面頭套的烏克蘭士兵，視線越過這些死屍，望向一輛裝滿了迫擊砲彈的廢棄卡車，笑嘻嘻地說。再往下走，路旁的溝渠裡還斜躺著一輛車載式多管火箭發射器，看來像是駕駛急著迴轉卻失敗了。

隨後，士兵看見兩具當地平民的屍體，是一對年長的男女，躺在塵土之中。從他倆身上的傷口大小看來，他們應該是遭到大口徑機槍連續射擊，是那種安裝在俄羅斯裝甲運兵車砲塔上的機槍。

「他們簡直媽的像在狩獵旅行一樣。」一個烏克蘭人忿忿地嘟囔，他想像俄國士兵在飛車疾馳的路上隨意地對這對男女開火。

在他們檢查加油站背後的樹林時，響起了一記槍聲，接著又一記。烏國士兵全都單膝跪到地上，接著以扇形散開，向前挺進。他們看見前方有一小群俄國士兵，約略是三名吧，蹲在樹木背後。他們幾乎立即看出這些人受傷了，看來他們的同袍在向拉科夫及更遠處撤退時，不知什麼原因把這三人遺棄了。

「出來投降吧！」其中一個烏軍喊。

「我們才不向納粹分子投降。」對方這麼回答，接著又是一記槍響。但這幾名俄軍已經彈盡援絕，而且傷勢嚴重，沒有氣力作戰了。

之後確切發生了什麼事，我們不得而知。許多個星期後，在靠近尼可拉耶夫前線一個短短的暫歇時間中，這天在場的其中一名烏軍，語帶鄙夷地述說俄軍多麼卑劣，把傷兵就這麼遺棄在田野之中。他談起三百——蘇聯軍方用三百作為傷兵的代號——以及兩百——這是陣亡將士的代號。他談起那幾名俄國大兵失血過多卻拒絕投降，但他對細節避而不談。

「我只能說那幾名俄國大兵沒有被俘虜。」

26

幾個小時過後，星期四的夜晚，絲薇拉娜的小屋裡只剩下四名戰俘。兩名年輕的俄國大兵在直升機墜毀的擾嚷喧囂中趁亂逃走了，剩下的幾個人開始好奇進攻者是否正在全面撤退，而這對他們有什麼意義？

門開了，守衛命令瓦倫提恩、贊尼亞、斯拉維克和羅馬一個一個到屋外來。

這四個人在黑暗中面面相覷，並且都做了最壞的設想。他們推測會被帶到庭院或花園中用槍處決，也說不定是用刀。幾個人躑躅不前，俄國兵只好用拖的將他們拖出門。他們被推拖著穿越空蕩蕩的庭院，地面上散落著白色繃帶，士兵們忙著攀爬上車。這幾個戰俘被推下絲薇拉娜小小地窖的樓梯，這個當年納粹德軍曾用來貯存軍火的地窖。地窖裡伸手不見五指，比小屋寒冷得多，空氣裡飄著霉味和潮濕氣味。

斯拉維克殿後走下地窖，跌跌撞撞爬下沒有鋪設地板的泥土階梯，這時他們改變了對前途的推測。他們想，肯定隨時會有一枚手榴彈飛下來，不然還有什麼比丟一顆手榴彈更好的方法，可以在咫尺之間，把一個密閉空間裡的人摧毀殆盡呢？

說時遲那時快，有個東西落在羅馬身旁的泥土地上，發出悶悶的砰聲。

27

星期五清晨天色未明的時候，絲薇拉娜在薩沙家的廚房疲憊而渾身髒汙地坐著喝茶，陷入沉思。薩沙是斯拉維克的弟弟，是另一個經常出現在鎮上垃圾場的朋友，他家在拉科夫的幹道旁過去一點，距離他們前兩晚過夜的地窖不遠。米夏和佩帝亞也來到這裡尋找熱食，薩沙正開始在油鍋裡煎番茄。

家人有什麼意義？血親有什麼意義？絲薇拉娜想著。

三週前，就在俄羅斯入侵之前，她弟弟維勒利打手機給她。維勒利退伍之後，在俄國陶里亞蒂過得很不錯。

「妳何不回家來呢？媽的老公寓還在，妳可以住那裡，金錢方面我們可以幫忙。」她記得維勒利這麼說。事後她想，或許他感覺到了什麼山雨欲來的跡象。

「我老了，腿不太中用，何況我們現在這裡有房子了，是屬於我們自己的房子，這很重要。」絲薇拉娜回答。

「回來吧，絲薇，回來吧，我幫妳出車錢。」維勒利鍥而不捨。

她謝過了他，但答案仍然是不要，很明確地不要。

但是上星期，在俄羅斯入侵烏克蘭之後，他們在邊界另一側的親戚們，一夜之間忽然都轉變了態度。先是佩帝亞的姊姊打電話來，怒不可遏，把「一切問題」都歸咎於弟弟，歸咎於烏克蘭，然後氣呼呼地掛了電話。之後，絲薇拉娜的弟弟再度來電。

「維勒利，」絲薇拉娜說：「你知不知道這裡發生了什麼事？你知不知道俄羅斯正在攻擊我們？他們燒殺擄掠，把什麼都炸了……」

「不可能。」絲薇拉娜聽得出弟弟那種嚴厲苛刻的、高高在上的軍人口吻。

「你以為你姊姊會騙你？」絲薇拉娜怒氣沖沖地回嘴。她知道普丁的宣傳，知道俄國國營電視台為那個「中毒的小矮人」編造的謊言。絲薇拉娜總是這麼稱呼普丁的。

「妳胡說八道。是你們自己人互相殘殺，跟納粹分子打來打去。你們自己沒辦法和平搞定，就把問題歸咎給俄國。」維勒利用一副高人一等的口氣這麼說。

絲薇拉娜的困惑被憤怒蓋過了。

「你們家普丁滿嘴狗屁！」她說。

「妳竟敢這樣說！」

「是真的，你們俄國人是野蠻人，殺人兇手，你們在屠殺平民，想要毀掉這個國家。混帳！」絲薇拉娜用吼的。

「你們自己要先把自己搞定。」維勒利冷冷地說，言外之意是無論發生了什麼事，烏克蘭都是咎由自取，沒別的可說。

「再見！」絲薇拉娜搶在維勒利掛電話之前掛掉電話。

那通電話的內容讓絲薇拉娜作嘔。他們有同樣的父母，流著同樣的血，但現在她無法想像自己還會再回到俄羅斯。她在那兒還有親人嗎？相信答案是否定的比較容易。烏克蘭是她的家鄉，就是這樣了，沒別的可說。但絲薇拉娜還是想打電話給她的妹妹歐莉雅，她現今也住在陶里亞蒂。她知道歐莉雅的兒子當過俄國的職業軍人，在敘利亞打過仗，她可以想像他此時此刻也在烏克蘭做著同樣的事。她想知道是不是真是如此，她可以想像自己這樣問歐莉雅：「怎樣，你們家弟弟是不是殺了很多烏克蘭人呀？」

只不過絲薇拉娜的手機餘額不足，她可以接聽國外打來的電話，但不能撥出越洋電話，因此不能和歐莉雅說上話。想歸想，在她心底深處，她仍然是大姊，仍然是打圓場的和事佬。

拉科夫的每個人似乎都面臨類似的家庭紛爭，每個人都有親戚住在國境的另一側，住在平行時空裡。電視新聞也一樣，絲薇拉娜看到一則報導裡，有一對母女在爭吵，互控對方是納粹。

但還是有一些值得懷抱希望的理由存在。絲薇拉娜有個鄰居的兒子住在俄國的新西伯利亞，他打電話給媽媽，指控媽媽說謊，跟她爭辯烏克蘭根本沒有發生戰爭。

「你要是不相信你媽，那我沒有你這個兒子。」媽媽說。

幾天後，兒子傳電子郵件向母親道歉，他說他運用翻牆技術連到不屬於政府控制的獨立新聞網站，得知了真相。

「媽，妳說得對，我很抱歉我不相信妳。」他在信中這麼說。

28

星期五，又是潮濕陰暗的一天，破曉時分，一小群穿著怪異的男人走上山丘，穿過拉科夫，走向垃圾場。領頭的是羅馬，他可以聽見絲薇拉娜農舍上方收割後的田地裡鳥兒的啁啾。就在距離小徑不過幾公尺遠的地方，橫躺著俄羅斯那台失事直升機的殘骸。沉重的螺旋槳遠遠飛散，燒焦的衣物、屍塊和扭曲的金屬橫七豎八，滿目瘡痍。駕駛座還完好無缺，灰煙幾乎是筆直上升，衝進冰冷、寂寥、悄然無聲的空氣裡。

羅馬領著兩名自衛隊隊員瓦倫提恩和贊尼亞上山，這群人看來落魄，足蹬借來的靴子，頭戴兩側有巨大耳罩的舊款蘇聯毛帽，手機也都沒了。羅馬記得，他在垃圾場值夜班時用的拖車裡有支備用手機，這兩名士兵迫不及待要向家人報平安。

贊尼亞處於恍惚狀態，難以相信自己挺了過來。怎麼可能有人經歷了這樣的磨難，只受到一點點輕微的皮肉傷？俄軍撤退了，多數的裝甲車都沒有帶走，幾十輛殘破受損的車輛，有些仍在燃燒，或者至少摸來燙手。

幾小時前，他在絲薇拉娜的地窖裡幾乎放棄希望，做好了即將被一顆手榴彈炸死的心理準備。但羅馬下意識地在黑暗中摸索，摸到了俄羅斯士兵扔到他們身邊的東西，發現是個瓶子，是一瓶伏特加。斯拉維克找到一個打火機，兩人趕緊合力拆去綑綁在贊尼亞和瓦倫提恩手上的膠帶。

他們等待了約有一小時之久，直到外頭的吵雜聲全都平息後，羅馬爬上樓梯，試著推門，只聽見喀噠一聲，門就開了。但是誰知俄軍會不會在門上安裝手榴彈呢？他縮回身子，重重摔在地窖的地板上。一陣寂靜之後，贊尼亞重新推了一次門，走進院子裡，還來得及聽見俄國裝甲運兵車轆轆行駛的聲音。四下空無一人，最後一批俄軍已經走了，很顯然走得十萬火急。他往農舍裡窺視，球鞋踩上一攤凝結的血。

斯拉維克一個人喝掉那一整瓶伏特加，接著他與其他人一同前往他弟弟薩沙的家。他們走過幹道到達遠遠那端的薩沙家，還好他家廚房還有食物，他很快就燒起了熱水，幾個男人靜靜坐著，喝著茶，吃水煮馬鈴薯，等待日出。一小時過後，門開了，在地窖度過又一個漫長夜晚的米夏、絲薇拉娜和佩帝亞走了進來，他們同樣是在尋找食物。這幾個人都很神奇地倖存了下來。

29

早餐過後，較年輕的幾個男人動身前往垃圾場，羅馬在垃圾場找到了他的手機。他、薩沙和兩名自衛隊隊員輪流打電話給家人以及鎮上的朋友，想知道這時候走路去沃茲涅先斯克安不安全，該走哪條路，以及哪裡可以跨越死水河。羅馬發現俄軍把鎮公所的曳引機裡所有的汽油都抽走了，他見獵心喜地環顧周遭，打量著這些剛散落在鄉間的許許多多廢金屬，不知稍後會如何。

兩名自衛隊隊員贊尼亞和瓦倫提恩上路了。瓦倫提恩的家在小鎮另一端，距離這裡十八公里遠。他們從一台遭遺棄的俄國冰雹火箭砲管旁走過，接著越過小鎮北方的田野。

正當他們步行回家時，一個三十四歲的高個子男人正開著公司的小型廂型車往另一個方向駛去。他的外型嚴肅陰鬱，恰恰適合他的職業。米克海羅去年才從較北的一個城市遷居到沃茲涅先斯克，成立自己的葬儀社。在鎮長的支持下，他開始清運路上的遺體，不僅載運當地百姓以及鎮上自衛隊成員的遺體，也載運俄國士兵的遺體。這些遺體散落在小鎮四處，也散落在周遭的山丘和樹林中。他在垃圾場不遠處停下車，把一架 AK-47 步槍的肩帶披掛上他寬闊的肩膀，並從後車廂拿出一個淡藍色的透明塑膠屍袋，一個烏克蘭拆彈士兵從乘客座位下車來與他同行，他們擔心俄軍會在自家士兵的遺體上放置詭雷。

還沒有人搞得清楚俄軍在這場戰役中損失了多少人員，可能一百人吧！這之後，在當局不知情下，村民急匆匆地將一些遺體埋入無名塚中，但米克海羅受一股專業責任感的驅使，覺得有必要盡可能的替俄軍收屍。為了不讓鎮上的人誤解他的行動，他在廂型車側邊漆上了「貨物 200」的字樣，那是用來指稱死者的軍事術語。

他走到一個士兵的遺體旁，附近的草地上有坦克車履帶的輾痕，草的莖葉被壓扁，士兵彷彿沉睡地俯臥在這片草地上。他忽然體悟到，這項工作不只是責任而已，米克海羅希望藉由替敵軍收屍，能向世人展現他們烏克蘭人比殘酷的入侵者高尚、善良、文明，那些入侵者在撤退前甚至懶得為自己的同袍收屍。

一旦經過檢查，確認遺體上沒有爆裂物之後，他便開始檢查他們的衣物。多數人身上什麼也沒帶，或是也有可能別人已經搜過了，但他仍搜到一本筆記本、幾枚聖像，還有一些可以交給烏克蘭陸軍情報部的俄國軍用護照。「維克多・尼奇拉伊維奇・耶葛洛夫，坦克車操作員，證照號碼一五八六」，照片裡，一個年輕蒼白的臉孔從長長的劉海背後向外凝視。「潘奇夫・維……」其餘部分被燒得焦黑，名字都看不見了。還有許多諸如此類的。

廂型車裝滿後，米克海羅便將車往回開，穿過小鎮，來到火車站。鐵路的側線上有一列長長的貨運車，他和其他幾個人把車上的遺體拖進鐵路貨運車內，將他們肩並肩地排列在車廂冰冷且有條條隆起的金屬地板上。他告訴自己，他是在幫助當地的居民，把入侵者的證據從視線中移開，防止社區受到進一步的心理傷害。

但是他仍無法抑制心中那個較憤怒的想法，他想像著，把這許多屍體裝進一架飛機中，飛到莫斯科上空盤旋，再把這些屍體空投到莫斯科城市的街道上。他想把俄國人民搖醒，讓他們明白自己的政府進行的這場「特別軍事行動」，實際上究竟是在做什麼。

30

正當葬儀社老闆走遍田野搜尋死屍時，一位年輕的俄羅斯士兵在拉科夫北邊一個名叫斯特波夫（Stepove）的小小聚落，敲響一棟農舍的大門，聚落裡約有三十棟左右的農舍，兩位年長的婦人小心翼翼打開大門。不遠處仍有零星的爆炸聲響徹雲霄，俄羅斯部隊正手忙腳亂、毫無章法地進行撤退，烏克蘭的大砲和迫擊砲則趁機對他們大肆攻擊。

「拜託，我在找烏克蘭軍人，我想要投降。」那士兵似乎連二十歲都不到，看起來又冷又害怕。

鬼魂與部下這時又逮捕了兩名戰俘，一名二十一歲，一名三十一歲。這兩人從同一個聚落的一棟房子裡舉著雙手走出來，把鬼魂等人嚇了一跳。他們徒步押著兩名士兵過橋，返回小鎮。路途中，鬼魂和他們攀談，年輕的士兵自稱是俄羅斯人，接著便不說話了，較老的那個承認他是克里米亞人，以烏克蘭人的身分在克里米亞長大、就學，甚至還去過基輔。

「所以說，你是個不折不扣的叛徒。」鬼魂忿忿地說。

「這不是我自己想打的戰爭。」那士兵回答。

這個年紀較長的人有點蹊蹺。他說他的名字是亞利希．亞伯拉莫夫，說他只不過是個約聘軍人，是個拿錢辦事的槍手，已經和俄羅斯軍方簽第二次合約了。直到鬼魂和手下回到聚落，在聚落裡碰見帶著年輕俄國戰俘的兩個年長婦人，事情才開始有了點眉目。

鬼魂立即就注意到這個新戰俘的衣著，他的制服太漂亮太有型了，看起來像是軍官才會穿的衣服。那名約聘軍人聲稱外套是在克里米亞買的，但俄國軍人是沒有權利愛穿什麼就穿什麼的。後來他們把戰俘交到第八十旅設於書店樓下的總部之後，鬼魂無意中發現了一包文件，是在一台被遺棄在某人家後院的俄國裝甲運兵車上找到的。文件中有名單和一疊疊軍用護照，鬼魂在其中一張名單中看見「亞伯拉莫夫」這個名字，職稱是「軍事情報人員」。

他打電話給福爾摩沙，分享自己對亞伯拉莫夫的推論。這位名叫亞伯拉莫夫的資深軍人是個訓練有素的間諜，他想必是與部隊失去了聯繫，推斷遭到了遺棄，於是命令一個屬下與他交換軍裝，要他在聚落裡先找個地方躲藏起來，之後再出來投降。而真正的亞伯拉莫夫，則喬裝成一個對烏軍毫無價值的低階約聘軍人，向烏軍投誠，期待他會受到仁慈對待，說不定很快就能透過換俘被交換回去。

福爾摩沙願意相信這個說法。他的團隊已經在鎮中心的總部，偵訊了約十名俄國戰俘，目前為止，每一個人都講出一套難以置信的說詞，要來證明自己的軍階有多低。有整組迫擊砲小隊的人馬，都聲稱是伙夫和軍醫，另一些士兵則堅稱沒有用任何武器開過火，都只不過是在做後勤補給。

「那到底是誰在開火攻打我們呢？」福爾摩沙用帶著濃濃譏諷的語氣問其中一組戰俘。

沒有任何人回話。

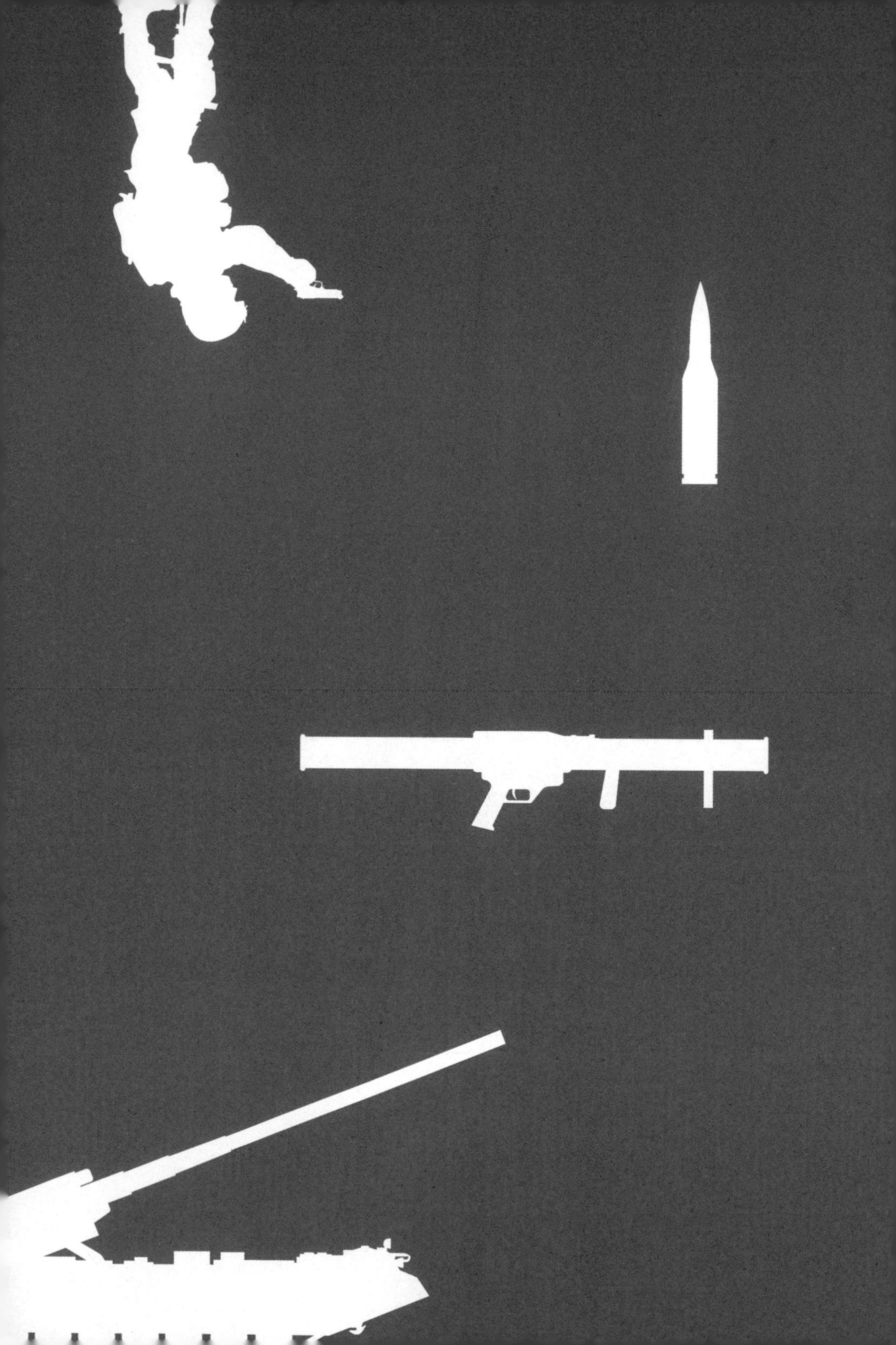

31

一個蒼白的身軀躺在醫院的擔架上，胸前有一撮撮黑色的胸毛，胸毛之上是一條精緻的金屬項鍊。這人的軀幹看起來完好無缺，是一個年輕健壯男子的身軀。他的背後是藍色磁磚牆，腦袋旁的白色小桌上有兩只醫療用的瓶罐。引人注目的是他的腦袋，那腦袋看來像是屬於另一副軀體，頸子蒼白，但從下頷的底側開始，皮膚變成了一種深深的墨綠色，猶如上了舞台妝。他的雙眼緊閉，但是眼瞼、眉毛、耳朵，以及頭頂平頭頭髮的一部分看來像是燒成了焦黑。

士兵的嘴巴抽動了一下。他的嘴唇腫脹，形狀怪異，閃著亮光，凝結成粉紅色與黃色，像兩條香腸在烤肉架上發著汗。眼下這個人正在試圖回答問題。

「你再說一次，你的工作是什麼？」

「後送傷患。」字眼以一種咕嚕咕嚕的氣音痛苦地吐出，他的眼皮抖動，但並沒有睜開，情況變得很明顯，他的兩片眼皮黏在一起了，很顯然，把他整個腦袋燒焦的高熱，也把他的眼皮給焊接在一起了。

「從哪裡後送傷患？」

訊問者的嗓音短促清脆。

「從沃茲涅先斯克……那裡有一個……場地。」字眼從這名受傷士兵的口中滲出，每個字都比前一個字更痛楚。

「場地在哪裡？」

士兵先是說「北部」，接著卻改變了心意，輕聲說：「南部。」

「所以沃茲涅先斯克南部有個場地，你從那兒撤離傷患？」

「是的。」

「要撤離到哪裡去？」

「赫爾松。」他回答。

「赫爾松的哪裡？」

「某種醫院。」

訊問者的問題一個緊接一個，毫不放鬆，但態度卻異常中立，沒有直接的暴力威脅，但也沒有一絲憐憫，表現出一種誇大的冷漠，語氣聽來像個面對著平庸學生感到索然無味的老師。最重要的是，這是一種權力的展現，也是戰爭繁雜官僚程序的展現——他在蒐集情報、審理戰俘、積累證據。

或許還不只這樣。此刻問著這些問題的人，不是個巡視沃茲涅先斯克醫院病房的低階官員。迪米特羅．馬爾中科將軍（General Dmytro Marchenko），代號「馬塞羅」（Marcello），是尼可拉耶夫一帶烏軍的指揮官，當地目前仍遭受俄軍猛烈的三面夾攻。

馬爾中科將軍理著光頭，有小小的藍眼睛，身材肥胖，他在尼可拉耶夫前線與野戰醫院大步行走，對俄羅斯兵力做出毀滅性的評估，也常說些有關烏克蘭大勝的珠璣妙語來提振士氣，粗獷的樂觀使他成為烏克蘭南部戰場的標誌型人物。只有一個人的名聲能超越他，就是那位以漫不經心卻又振奮人心的短影片馳名的尼可拉耶夫州州長維塔利・金（Vitalii Kim）。

「晚安，我們從烏克蘭向您打招呼。」

這是金的招牌台詞之一。他微微地半笑不笑，幾乎毫不掩飾疲憊的呵欠，接著報告最新的日間或夜間災損，以及俄羅斯飛彈襲擊了哪個住宅社區。

「晚安，祝各位晚上無聊！」

道路一直下去，是小小的沃茲涅先斯克，金和馬爾申科感覺像是沃茲涅先斯克鎮長與福爾摩沙的兄長，然而他們是真有關聯的。過去這些天來，烏軍成功擊退尼可拉耶夫郊區的敵軍，暫時中止了俄軍從赫爾松一路向西挺進到敖德薩的企圖。但是馬爾申科將軍的勝利，直接導致沃茲涅先斯克面臨挑戰，因為俄軍愈來愈急切地想要找到另一個可以橫渡南布格河的地方。

這就是為什麼將軍會親自出馬去審問一個身受重傷的士兵。這士兵是個年輕的直升機駕駛員，星期四晚間，巨大的 Mi-24 直升機降落在絲薇拉娜家的後方，預計要載運傷兵，幾秒鐘後卻被烏軍的大砲轟成灰燼，那架直升機的駕駛員就是他。他想必是逃出了失事飛機的殘骸，但是從沃茲涅先斯克通往尼可拉耶夫的道路仍然十分危險，他是如何通過而後到了尼可拉耶夫的醫院，他們不得而知。

「瞭解。」馬爾申科將軍的訊問快要結束了，他的語氣變得較為輕鬆，像是在問路一樣，但很快地他語氣又變了。

「你有看見你那些死去的同袍嗎？」將軍問。

這不完全是個問題，而是一句指責，一種鄙夷、憎惡的表達。一個女性的聲音插了進來，「醫生要為病患治療了。」駕駛員的眼睛依然緊閉，但他緩緩地搖了搖頭。

「我想他們沒活下來。」飛行員輕聲說。

「瞭解。」將軍說。這回他嗓音裡的鄙夷尖銳而分明，迴盪在醫院的四壁之間，清晰可辨。將軍轉過身，朝下一場會議、下一個前線、這場荒謬殺戮劇的下一階段走去。

32

接下來的幾週，當地居民會在死水橋的殘骸附近豎立一尊新的聖母像，不過目前還沒有。俄軍走了，但此刻還沒有慶祝活動，還沒有鐘聲響起，甚至沒有像三月一日第八十旅摧毀一列俄羅斯車隊時，鎮長辦公室爆出的那種歡聲雷動。戰事感覺尚未結束，痛楚尚未過去，還不能歡樂慶祝。

安德烈的女兒及快要離婚的妻子仍困在赫爾松附近的一座村莊，仍遭受著攻擊。鎮長的叔叔在頓巴斯與俄軍戰鬥時遭到俘虜。福爾摩沙仍在乘勝追擊俄軍第一二六旅的殘兵，先是將他們擊退至砲火無法達到沃茲涅先斯克的地區，接著又讓他們後退到過了東側的幾個小鎮，向第聶伯河退去。有一度，俄軍似乎奉命要繞過沃茲涅先斯克，尋找另一條路徑，但是第八十旅很快就斷了他們的希望。

小鎮裡，安娜．阿哈皮托娃一直在尋找她的兒子——二十一歲的瑟熙。就在瑟熙於消防員家外被坦克砲彈襲擊身亡之前的幾個小時，安娜曾懇求他別出去蹚渾水。

「打仗的事情交給軍人就好了。」她這麼說時，瑟熙正跑出門去與友伴相聚。

安娜每週在鎮上的醫院裡工作四或五個晚上，她並非合格的護理師，但她可以幫忙留意病患，為他們端茶水、換床單、聊聊天。過去六年來，她多數的夜晚都在那兒工作，醫院就在火車站過去一點點，快步走路二十分鐘就能到。

她通常在大清早回家，瞇個幾小時後，又開始另一份工作——在市場擺攤。她一向不需要太多睡眠，三、四小時就已足夠，而這樣的時程頗適合她。她健壯結實，有著薑黃色的頭髮，說話快，情緒激動時習慣用手掐著脖子。

戰鬥的第一晚，共有十一具遺體被送進醫院的太平間，其中包括一名俄國人。沒有多久，安娜就接獲兒子失蹤的消息，但似乎誰也無法多說些什麼。瑟熙的朋友不接電話，醫生們全都忙到無法協助，等她終於下樓到太平間，她看見一條斷裂的腿與其他屍體並列，她立即懷疑這是瑟熙的腿。

一直到星期五上午，安娜來到塔瑪奇西納街五十三號，終於確認了事實。在那之前，她不顧爆炸四起，在鎮上到處尋索兒子的蹤跡，她嘗試向警察局探聽，也沒得到答案，最後有人給了她塔瑪奇西納街的地址，催促她快快前往，因為狗群已經開始啃食屍塊了。一股奇異的感覺襲上她。如今她穿過被炸彎的敞開大門，門板上插滿飛濺的彈片，她檢查眼前這片覆滿塵土的一片狼藉。她沒有畏縮，而是發自肺腑的、迫切地覺得自己必須要把兒子的每一個屍塊都收回來，要把瑟熙重新拼湊起來。因此她拿了個袋子，跪在地上，開始撿拾一塊又一塊的屍塊。

這一撿就撿了數個鐘頭，她甚至將兒子的小小碎屍從大門上刮下來，一面刮，一面對著自己喃喃低語：

「這一定是他，一定是他的身體。」

一直到她裝滿了一整袋的屍塊，穿越小鎮走回太平間後，才開始啜泣。

幾天後，安娜向鎮公所要求將瑟熙列名為志願軍的一員，而不僅僅是個倒楣的百姓，但鎮公所的人員拒絕了她。

「現在是在打仗呢！妳是想要怎樣？」他們對她說。

但是她鍥而不捨。她找到了爆炸當時的監視錄影帶，不斷地要求協助。最後鎮公所退讓了，捐助了一筆小小的錢供她辦喪事，她則在家裡辦了個小型聚會，沒有什麼漂亮的擺設——她家沒水也沒電——不過就是些糖果飲料，蓋上的棺木停放在客廳。

當天下午，一百個人出席葬禮，葬禮在墓園一個擁擠的角落舉行，距離瑟熙孩提時代賣西瓜的馬路不遠。

「不是最好的點，隱藏在角落，而且只有簡單的木頭十字架。」安娜回憶。

但出席的人數仍然算不少，新掘的土堆上放置了許多鮮花。鎮長有來露臉，還致了詞，稱讚安娜的寶貝兒子是個英雄。

33

時間是二〇二二年八月初一個晴朗酷熱的下午，絲薇拉娜腳步僵硬地穿過她的菜園。她身穿亮綠色的短袖上衣和棕色的緊身褲，銀灰色的頭髮挽成一個髻，被陽光曬成古銅色的一條手臂握著一支手杖。她壓低嗓子「嘖」了一聲。五個月前被俄國坦克車履帶壓扁的草如今又長到膝蓋高了，但今年夏天雨水不多，這座沒有遮蔽物的小山丘土壤質地不佳，番茄和南瓜的產量都稀少，塞不滿絲薇拉娜的罐子。

「噢！」絲薇拉娜深深嘆了一口氣，抓住我的手臂，引導我們回到她的農舍裡去。

這時我為 BBC 新聞網報導烏克蘭前線戰事已進行到第三個月的尾聲。我住在公路南向的尼可拉耶夫，俄國對該城市中心的轟炸一天比一天猛烈，每天都有民宅公寓被炸成廢墟。兩天前的夜晚，附近一所學校的校舍被巡弋飛彈擊中。昨天早晨，我們在歷經三個徹夜未眠的晚上之後，走出室外，看見距我們幾碼之處，一顆巨大的未爆飛彈倒插在柏油路上，像個卡通裡的拙劣笑話。於是我們決定撤離到沃茲涅先斯克。

這個小鎮近日來僅遭受過一次的重大轟炸，就是昨天晚上，俄軍企圖攻打小鎮另一端的一個軍事貯藏庫，貯藏庫裡裝滿了生鏽的退役坦克車。俄方很快就宣稱他們摧毀了大量的重要武器，但事實並非如此，多數的飛彈都沒有命中目標，事實上，可能全部都沒有命中目標。其中一枚飛彈，打穿了北邊村莊裡一個空無一人的石匠小屋屋頂。

「我們的。」絲薇拉娜突然指著藍天這麼說。遠遠的高空中，一架形單影隻的烏克蘭戰鬥機正朝俄羅斯戰線飛去。

這是一句平凡無奇的話，但她如此使用代名詞，感覺其中像是充滿了驕傲與失落。我立即想起普丁將同一個字眼——俄文是nashi——宣稱為一個親克里姆林宮暴力青年組織的名稱（註1）。

一小時前我往上坡走來時，看見絲薇拉娜的鄰居米凱爾身穿褪色的灰色內褲，足蹬皮靴，頗具氣勢地站著，拿了把長柄大鐮刀，劈砍著農舍旁的田地。米凱爾和妻子依舊是拉科夫村裡獨來獨往的一對夫妻，也是村人流言蜚語指涉的對象。

「你有跟他說話嗎？希望你沒跟他提起我的名字。」後來絲薇拉娜這麼說。

事實上，我的確停下腳步和米凱爾聊了聊，他放下鐮刀，踩著僵硬的O型腿來到圍牆邊。他骨瘦如柴的手臂和胸膛上，肌肉與肌腱完全符合解剖結構地精準突出。

「很高興認識你，我們在這兒愈來愈孤單了。」我們握手時他說：「大家怎麼跟你說的？說我跟我老婆通敵？」

我點點頭，感覺有些尷尬。有關他們的閒言閒語非常多，另有一些流言指向一位不知名的女性，據稱那婦人駕駛一輛白車，引導俄軍穿越博爾加卡。但目前為止，沒有人遭到正式起訴。

「我不會說我反俄，我沒有反俄的情緒。我沒辦法對他們太狠，因為我有兄弟姊妹和孫兒住在俄國。」他說，接著便描述起三月俄羅斯車隊遇襲之後，他如何結識了第一批俄羅斯士兵。

「他們是克里米亞來的年輕人，很規矩有禮，就是乖乖做事的正常人。他們來這裡掘壕溝，我把他們當孫子看。」

他沒有說他和妻子是否供應食物或是以其他任何方式幫助他們，我也不好意思問。但他提到，有個俄國軍官拿走了他們的電話，卻立刻又還給他們了，罕見地展現出了信任。

接著米凱爾述說起自己的身家背景，談起他的祖先被俄國女王凱薩琳大帝派到此地，來墾殖黑海附近人煙稀少的土地。他出生在蘇聯時代的烏克蘭，在裡海附近一所大學念過工程學，在阿富汗打過仗，後來遷居列寧格勒，接著又遷居俄國極北端的卡累利阿（註2）。

「以前還有蘇聯的時候，大家都是兄弟姊妹。我們在阿富汗的部隊裡，有來自十五個不同國家的弟兄，大家用同一支湯匙，從同一個盤子吃飯，大家都是一家人。現在呢，」他頓了頓，朝山腰上曝曬在陽光下的其他農舍揮了揮手：「現在變成這樣，我沒辦法接受這種狀況。」

是什麼原因使得一戶人家選擇了一條道路，而幾百碼之外同一座山丘上的另一戶人家卻走上了另一條道路呢？米凱爾的故事強烈地使我想起絲薇拉娜的故事。他們同樣緬懷蘇聯時代，同樣抱怨拿不到老人年金。米凱爾同樣被迫賣了所有的牛和車，淪落到蝸居於拉科夫的郊區，窮困潦倒，迷惑於變化快速的世界。他感覺自己是俄羅斯人，是蘇聯人，也是烏克蘭人，重疊的忠誠認同有如文氏圖（註3）裡交疊的圓圈。為什麼他要被迫選邊站？

但是絲薇拉娜則是快速而果決地做了她的選擇，就我看來，躲在模稜兩可之下的米凱爾也做了另一種選擇。

絲薇拉娜家的門不再被當作擔架使用，已經裝回絞鍊上了。庭院現在有深綠色爬藤形成的濃蔭，如今堆放在庭院裡的廢金屬、木材和屋瓦，比過去任何時候都更多。用籬笆圍起的角落裡有兩隻火雞，絲薇拉娜把牠們養得肥碩，準備耶誕節拿出去賣。家犬朱立克看起來像是，如果能掙脫繩索就準備把那兩隻火雞幹掉。俄軍遺留在周遭田野中的坦克車老早就已經清掉了，但灌木叢裡仍散落著一些空的深綠色塑膠口糧包。

絲薇拉娜扔下在廚房爐火上慢燉的櫛瓜魚子醬，伸手到床底下撈出裝著相簿的破舊塑膠袋。還沒打開第一本相簿，她就已經潸然淚下。她翻著相簿，在其中一個頁面停下來，呈現在黑白相片裡的是她弟弟在一九八〇年代的婚禮，婚禮中，人人戴著領結、緞帶，笑容滿面，處處是花束。絲薇拉娜不說話了。自從戰爭開打的那幾天通過話之後，姊弟倆彼此再也不說話了。

「我們的生活就是這樣。」絲薇拉娜一面說，一面砰一聲闔上相簿。

❋❋❋

一個星期後，一枚俄國飛彈將擊中沃茲涅先斯克鎮中心的一棟公寓大樓，導致十八個人受傷，其中包括三名孩童。但此時此刻，小鎮的氣氛十分悠閒。一個年輕女孩沿著十月革命街溜直排輪，一個嬰兒車裡的嬰孩手中握著黃色氣球，一個農人拖著堆滿乾草的拖車，從公園對面四個留著鬍子、吸著水煙的年輕人面前經過。路上有人賣西瓜，火車站附近兩個身著夏日洋裝的女郎騎腳踏車迎面而過，互相說了聲「嗶嗶」，彼此都笑了。

鎮長耶夫赫尼回到辦公室工作了，他看來比三月時老了好幾歲，但說起話來仍然衝勁十足，機關槍似地急急訴說著要在每個學校蓋防空洞的計畫，還要準備迎接數千個流離失所的家庭。會議室裡的魚缸在背景裡嗡嗡作響，戰事剛開始、戰情吃緊的那幾週，一定有誰還記得不時回鎮公所來餵魚。

「這幾個月來，我們小鎮變得更友善、更悠閒了，彼此間的小小恩怨全都一筆勾銷，鎮民一天到晚打電話來問：『你們需要什麼？我們能幫上什麼忙？』」耶夫赫尼鄭重地說。

有二十多個鎮上的居民，聚集在之前充當鎮長臨時辦公室的地下室裡，前來聆聽演講，講題是如何在菜園裡用塑膠布來增加蔬菜收成。我坐在後排，感受到這個社區重新開始展望明天以及更遠的未來。

沿著這條街下去，死水橋的殘骸仍然橫躺著，而再往下游幾百碼之處，已經興建了一條用汙水管和碎石搭成的跨河便道。汙水管裡安裝有爆炸裝置，以防俄軍回來，自衛隊隨時準備要把便道炸掉。

鬼魂和他多數的同袍這陣子都在赫爾松附近作戰，再過幾個月，烏軍就會收復赫爾松。此時此刻，他正休假在家，但仍然隨時「做好戰鬥準備」，AK-47

步槍及其他補給品都放在雷諾車的後座。

安娜仍然在鎮上的醫院上班，兒子瑟熙在死水橋附近被坦克車砲彈打死後，每天傍晚她去醫院上班的途中，會先到他的墓前看一看。醫院的病房裡滿是尼可拉耶夫及附近前線來的傷患，光是昨天一晚，就有四十五名傷患被送進來。

當志願兵時被當戰俘囚禁在絲薇拉娜家小屋的贊尼亞和瓦倫提恩，兩人都在努力尋找工作，但是也隨時準備再度接受徵召來保衛自家小鎮。瓦倫提恩回到家兩天後，他領養的貓生了兩隻小貓咪，其中一隻胖嘟嘟的，身上有白色和黑色的斑點，此刻正心滿意足地坐在他窄窄的床上。

「我用你們首相的名字，把牠取名為『波里斯』（註4）。牠會咬人。」他笑嘻嘻地豎起新紮上繃帶的大拇指，補上最後那一句。瓦倫提恩花了好幾個月才重新在理智上和心情上勉強找到平靜。

被烏軍俘虜的第一二六旅軍官伊果・魯登科正在坐牢。雖然他是俄軍的一員，但檢察官主張，由於他是烏克蘭人，不能參與換俘，必須在烏克蘭的刑事系統中受審。他被以遺棄罪及叛國罪起訴，二〇二二年四月，他在基輔接受為期兩天的審判後，兩項罪名都被判有罪，要服十五年的徒刑。

我們可能永遠不會確切得知，發生在沃茲涅先斯克的這場短暫的、決定性的戰役，對於俄烏戰爭的整體戰情有什麼樣的影響。倘使這座小鎮的自衛隊隊員當初決定不要堅守崗位，決定把風險交由另一個城鎮、另一座橋、另一個社區來承擔，俄軍極可能會因此長驅直入，拿下海港大城敖德薩，就會沿著海岸線進行兩棲登陸戰，尼可拉耶夫也會淪陷，或許整個烏南地區都會淪陷。這場戰爭可能因此而有完全不同的發展。

❋❋❋

同一天下午稍晚，依然是那個炎熱的八月午後，我們從拉科夫驅車，跨越鎮長新建的臨時便橋，在小鎮裡晃了晃，再轉向南方，彎彎拐拐從一排排精巧可愛的農舍之間鑽過，來到寬闊的棕黃色南布格河的東岸。

「邁阿密海灘。」副鎮長安德烈指著河岸一長條的黃沙，自豪地說。

黃沙是新近從附近的採石場搬運過來的。沙灘上有新的木製大躺椅，還有一座新的排球場，約有十多個家庭在這兒野餐，或是在流速緩慢的河中戲水，或是躺在毛巾上做日光浴，也有些人遵循老一輩的奇特蘇聯傳統——站著做日光浴。遠遠的南方，看不見的地方，有架烏克蘭軍機轟隆隆飛過，但誰也沒說什麼。雖然沒有人明說，但大家都感受到了，我們一小群人就這麼站在通往沙灘但尚未完工的水泥階梯頂端，聽著孩童們叫嚷，有台收音機播放著音樂。

所謂反抗，就是這個感覺。

（註1）納什組織（Nashi），一個在普丁政府支持下成立的青年組織，全稱是「青年民主反法西斯運動」。nashi意為「我們的」。

（註2）Karelia，北歐的一個地區，目前分別為芬蘭和俄國所有。

（註3）Venn diagram，英國數學家John Venn所發明的圖形，用部分重疊的圓圈來表達交集、聯集等概念。

（註4）英國前首相強生名為波里斯·強生（Boris Johnson）。

後記

二〇二二年三月，戰役剛剛結束的時候，我頭一次來到沃茲涅先斯克。通往此地的鄉村道路顛簸崎嶇，坑坑窪窪，幾乎要震斷車軸，遠方響著砲彈的爆炸聲。我們針對小鎮的戰役做了一則電視新聞報導，讀者若有興趣看看絲薇拉娜以及她的農舍、看看鎮長以及亞歷山大·莫斯卡利烏克在烏軍成功襲擊逼近死水橋的俄軍部隊時大喊「厲害呀，小美人兒！」的影片，可以在 YouTube 輕易找到這則報導。

我曾居住於舊蘇聯。一九九一年，我來到莫斯科，一心嚮往成為駐外記者。幾週後，蘇聯默默地瓦解了。我四處遊覽，也造訪過烏克蘭許多次，一直到十年後的二〇〇〇年我才離開，當時有位性情陰鬱、走起路來趾高氣揚、昂首闊步的前格別烏（KGB）探員剛剛開始在克里姆林宮掌權。

我會說俄文，雖然說得不好，但我對於俄文和俄國文化有深切的愛好。烏克蘭戰爭進行了一整年，來到本書的尾聲，我時時想起契訶夫知名短篇小說《帶狗的女人》（註1）最後幾行文字，這個故事大體上以克里米亞及莫斯科為背景：

「他倆都清楚明白，眼前還有很長很長的路要走，而最艱難、最複雜的部分才剛剛開始。」

隨著交戰時間不斷拖長，我愈來愈體認到，這場戰爭所造成的傷害，不僅僅在於人命的損失以及許許多多家園和公共設施的殘酷毀壞，還影響了部分烏克蘭人頭腦與心理的健康。就我看來，這些人愈來愈擔憂這場戰爭永遠不會結束，他們恐懼俄國有能力吸納人們的痛苦，有能力堅定不移地持續給人製造痛苦，這種能力最後終將硬是磨出某種形式的勝利。

烏克蘭人很少公開表達這樣的憂慮，而許多烏克蘭人的信心與樂觀仍然十分真摯且鼓舞人心，同時我也認為十分適切。我寫這本書是為了讓大眾注意到這一個發人深省、激勵人心的片段，但我同時也清楚明白，整體戰事的結果仍然極度不明朗。

當烏克蘭朋友談起他們的焦慮，談起被迫在無休止的不安全感中生活所帶來的深切疲乏之時，我想起不久前某天夜晚，在頓巴斯地區與一名龐克搖滾歌手的會面。這位搖滾歌手同時也是位醫生，當時正在一所陸軍野戰醫院，忙著對不斷從巴赫姆特湧入的傷患施以急救。稍事休息時，他面帶燦爛笑容，啜了一口咖啡，他告訴我，他的應對機制是從身旁的世界退後一步，盡可能生活於幻夢世界中——生活於他所想像的烏克蘭戰勝後的歡樂世界中。

「我們就是這樣，靠著生活在幻夢中，才走過戰爭的。」他告訴我。

這本書是以我與相關人士進行過的數十場訪問，以及他們分享給我的影片所寫成。同時我也採用了其他來源的素材，試圖以小說筆法將故事拼湊起來，某些場景是根據朦朧片段的記憶加以創意發揮。我但願成品能如實反映出沃茲涅先斯克在那狂亂的短短幾天之間所發生的事。任何在事實上或判斷上的錯誤都是我個人的錯誤。

（註1）契訶夫（Anton Pavlovich Chekhov），一八六〇～一九〇四，俄國知名作家。《帶狗的女人》描繪一場男女主角各自另有家庭的婚外戀情。結局是兩人決定廝守，但各自的婚姻都尚未結束。

謝詞

我沒有竊取這些故事，但我的確在令人心力交瘁的戰爭中，從面對太多緊急事務、時間顯得太少的第一線人們身上，抓住了這些故事。

二〇二三年一月，在冰天雪地、大地灰暗的幾週間，我第四度前往烏克蘭，這回我終於面對面與福爾摩沙聊起別後近況，這時他已不再是第八十旅的指揮官。在高度保密的情況下，我與他在烏克蘭東部另一個區域的前線附近會面，這是個樹林地帶，遠方的隆隆砲火聲不斷穿插在我倆的談話之間。一如往常，他趕著時間，此刻他正開始一份新的重要工作，要策劃一場新的軍事攻擊行動。但他告訴我，他也看出沃茲涅先斯克的故事有其特殊之處。他相信發生在那座小鎮的，那場不可思議的、決定性的小小勝利，幾乎無庸置疑地避免烏克蘭遭到更大規模的包圍，並且，極有可能也防止了烏克蘭在戰爭中落敗。因此，他用他慣有壓低嗓音的倉促語氣，談起了當初他對那小鎮的戰略、戰役中的後勤組織、摧毀死水橋的艱難任務，以及他奇特的代號。那之後，他透過 WhatsApp 回答了我許多的後續問題。後來我聽說，沃茲涅先斯克如今把鎮上的一條街命名為第八十旅街。

如果說這本書有個靈魂人物，那便是絲薇拉娜．馬辛柯夫斯卡了。沒有她的支持與合作，我絕不會想到要寫這樣一本書。她有驚人且熱情洋溢的能力，能夠清楚記得許多對話、細節及短暫的互動，能夠猶如正發生於眼前一般歷歷如繪地重述。打從二〇二二年三月一個天色將暗的午後我初識她，她便十分照顧我，迫不及待要帶我看她家農舍中的每一道刮痕與每一滴血漬，也同樣樂於分享她自己不凡的生平，以及家庭生活中的細瑣點滴與衝突爭執。

一如絲薇拉娜，鎮長耶夫赫尼．維利奇科、副鎮長安德烈．祝可夫、斯巴塔克、鬼魂、安娜・阿哈皮托娃、瑟熙・波圖西恩斯基、羅馬、歐列葛、自衛隊隊員瓦倫提恩和贊尼亞、亞歷山大・莫斯卡利烏克、鎮立博物館的館長、士兵、志願兵，以及沃茲涅先斯克其他許許多多的居民，都慷慨分享了他們的時間與故事。甚至在酷寒隆冬，當電力不時中斷，或是由於分區供電而電力十分寶貴時，他們仍不吝於忍受我透過WhatsApp、Zoom、Signal、Viber等通訊軟體，頻繁拜託他們提供我更多細節或不同見解的要求。我對於這許多人，以及出現於這本書中的每一個人，都懷有深深的感激之情，感念他們給我的時間以及耐性。

我想要提一提採訪這場戰事的卓越出眾的新聞記者們——其中許多都是我的老同事、老朋友。所謂在戰地工作會引出人最好的一面，這話所言不虛，記者這一行也是如此。我們仰賴傳統上的「對手」提供救命資訊，針對哪條道路不安全、哪個城鎮和哪個崗哨難以預料，我們互通有無，並且經常性地慶賀競爭者的工作成果、獨家報導與深入險境的勇氣。基於那樣的精神，我想特別感謝

《華爾街日報》格外英勇的駐外記者亞洛斯拉夫・卓菲莫夫（Yaroslav Trofimov），我最初得知小鎮戰役的細節，便是從他在沃茲涅先斯克所做的一則極具震撼力的報導中獲知的。

在戰地工作的另一個共同特色，便是能夠與一群你在較平和、較放鬆的情境中，不大容易碰到的多元族群相識且並肩工作。安德烈・佩卡金（Andrii Pechatkin）是個音樂家，是「反叛黑金屬」（deviant black metal）樂團「白色病房」（White Ward）的一員。我和他二〇二二年三月初在敖德薩偶然地萍水相逢，如今已成為好友，他並且為我擔任傑出的翻譯及奔走調停的能手。阿提翁・比洛夫（Artyom Belov）當過軍人、警察和攝影師，熱情而勇敢，人面廣得驚人，他帶領我和我的同事走遍無數的前線以及更遠之處。薩沙・奧瑟瑞德楚克（Sasha Oseredchuk）是個頓巴斯地區的退休礦工，他和他的兒子及女婿開車載著我們的團隊穿越塵土、泥濘與冰雪。感謝基輔的安東・庫爾科夫（Anton Kurkov），感謝博格丹・寇列斯尼克（Bogdan Kolesnyk）。佛洛迪米爾・洛茲賀寇（Volodymyr Lozhko）在烏克蘭名字的音譯與拼法上給予我格外的協助。感謝謝爾希・札丹（Serhii Zhadan）同意讓我引用他的詩〈犀牛〉。我採用的是www.wordsforwar.com/rhinoceros 網站《戰爭絮語：來自烏克蘭的新詩》（Words for War: New Poems from Ukraine）的譯本。BBC的同仁中，漢娜・慈巴（Hanna Tsyba）、安娜・卓爾諾斯（Anna Chornous）及瑪麗安娜・麥特維楚克（Mariana Matveichuk）慷慨提供她們的專業知識。喬・普阿（Joe Phua）始終是最和善也最有才華的攝影師兼戰友。梅蘭妮・馬歇爾（Melanie Marshall）、譚雅・多克松（Thanya Doksone）、娜歐蜜・薛貝爾・波爾（Naomi Scherbel-Ball）以及艾德・哈伯雄（Ed Habershon）是了不起的製作人兼朋友。賽門・羅夫頓（Simon Roughton）、凱文・西松（Kevin Sissons）、傑克・雅各（Jake Jacobs）、史提夫・伯恩（Steve Byrne）、查克・唐寧斯（Zak Dunnings）及泰瑞・卡特（Terry Carter）兢兢業業保護著我們。在距離家鄉更遠處，我感謝保羅・達納哈（Paul Danahar）、艾倫・廓德里（Alan Quartly）及弗拉德・赫南德茲（Vlad Hernandez）的支持協助。

我尤其要感謝我神奇而孜孜不倦的經紀人蕊貝卡・卡特（Rebecca Carter）為這本書找到發行商，莎拉・布雷布魯克（Sarah Braybrooke）就是那位發行商，她是多麼聰慧而敏捷、思考縝密又才華出眾的編輯與嚮導，她在綺色佳—波尼爾（Ithaka and Bonnier）出版社的團隊以及特約編輯蘇珊・佩格（Susan Pegg）也同樣卓越優秀。同時也感謝經紀公司（The Agency）的強納生・金納斯利（Jonathan Kinnersley）。

最後，謝謝我的家人。我的三個兒子已經展開各自的人生道路了，但他們仍然是我深切喜悅、驕傲與歡笑的泉源。我們的大狗亞伯特也值得小小一提，牠扮演著傳統的角色，在我寫作過程中的多數時間都坐在我的桌下，有時極具耐性地坐著。但我虧欠最多的是我的妻子珍妮，我感謝她慷慨的支持，感謝她的愛，她的洞見與幽默，她的這許多幫助使得一切都值得了。

拼字說明

許多烏克蘭人都焦急地想把自己的語言從俄文的長遠影響中拯救出來，現在這樣想的人比過去任何時候都更多。在把烏克蘭文字用羅馬拼音拼出來的方法上，他們也同樣希望能擺脫俄文的影響。

最為人所知的例子就是烏克蘭首都基輔的拼法，過去國際上所知的拼法是Kiev，這是由俄羅斯西里爾字母（註1）轉譯而成的拼法，然而現今這個字多拼為Kyiv，以便更貼切地反映出烏克蘭文的拼法與發音。

我在本書中盡可能以烏克蘭的轉寫方式來轉譯人名與地名，唯有當姓名主人特別清楚表明喜好時例外。這是個敏感議題，有時有些複雜，無可避免地帶有政治意涵。雖然目前已有清楚的官方規則，但是仍有不一致之處，這也是不足為奇的事。

（註１）Russian Cyrillic，是一種通行於斯拉夫語族及前蘇聯疆域內的字母。

Horizon 視野 002

堅韌小鎮：烏克蘭的生死與反抗

A SMALL, STUBBORN TOWN : LIFE, DEATH & DEFIANCE IN UKRAINE

作者　安德魯．哈丁（Andrew Harding）
翻譯　彭玲嫻
總編輯　林奇伯
文字編輯　張雅惠
文稿校對　鍾秀美
封面設計　韓衣非
美術設計　走路花工作室
地圖繪製　林家琪

出版　明白文化事業有限公司
地址：231 新北市新店區民權路 108-3 號 6 樓
電話：02-2218-1417　傳真：02- 8667-2166
發行　遠足文化事業股份有限公司（讀書共和國出版集團）
地址：231 新北市新店區民權路 108-2 號 9 樓
郵撥帳號：19504465 遠足文化事業股份有限公司
電話：02-2218-1417
讀書共和國客服信箱：service@bookrep.com.tw
讀書共和國網路書店：https://www.bookrep.com.tw
團體訂購請洽業務部：02-2218-1417 分機 1124
法律顧問　華洋法律事務所 蘇文生律師
印製　博創印藝文化事業有限公司

出版日期　2023 年 11 月初版
定價　420 元
ISBN　978-626-97974-1-7（平裝）
9786269797400 (EPUB)
書號　3JHR0002

A SMALL, STUBBORN TOWN: LIFE, DEATH AND DEFIANCE IN UKRAINE by ANDREW HARDING
Copyright © Andrew Harding, 2023
Originally published in the English language in the UK by Ithaka Press, an imprint of Bonnier Books UK Limited, London.
This edition arranged through BIG APPLE AGENCY, LABUAN, MALAYSIA.
Traditional Chinese edition copyright: 2023 Crystal Press Ltd. All rights reserved.

著作權所有 侵害必究
特別聲明：有關本書中的言論內容，不代表本公司 / 出版集團之立場與意見，文責由作者自行承擔。

國家圖書館出版品預行編目（CIP）資料

堅韌小鎮 : 烏克蘭的生死與反抗 / 安德魯 . 哈丁 (Andrew Harding) 著 ; 彭玲嫻譯 . -- 初版 . -- 新北市 : 明白文化事業有限公司出版 : 遠足文化事業股份有限公司發行 , 2023.11
面 ;　公分 . -- (Horizon 視野 ; 2)
譯自 : A small, stubborn town : life, death & defiance in Ukraine.
ISBN 978-626-97974-1-7(平裝)

1.CST: 俄烏戰爭 2.CST: 國際關係

542.2　112017962